RECLAM-BIBLIOTHEK

Sind Kinder nicht das Herrlichste auf der Welt? Selbstverständlich … manchmal freilich, in den düsteren Momenten des Lebens, überkommt selbst die tapferste Mutter das Gefühl, dem Wahnsinn anheimzufallen. Zum Beispiel, wenn die süßen Kleinen das Badezimmer überfluten, mit vollgepackten Windeln werfen, becherweise Kakao auf den neuen Teppichboden gießen. Oder wenn Schwiegereltern und Tupperpartys nahen, wenn Geschwisterliebe im Massaker endet und die sorgsam zubereitete, ökologisch einwandfreie Gemüsesuppe mit Verachtung gestraft wird.
Annette Martin, nach Jahren der Berufstätigkeit zur »Nur-Hausfrau-Mutter« degradiert, erzählt vom reizenden Chaos, für das ihre ausgesprochen lebhaften Kinder Lisa und Moritz tagtäglich sorgen. Mit wohltuender Offenheit und mit drastischer Komik.
»Windeln & Wahnsinn« ist ein erfrischender Trostspender für gestreßte Mütter (und Väter) und eine leicht verständliche Gebrauchsanweisung für alle, die es unbedingt werden wollen.

Annette Martin, geboren 1959, studierte Medizinische Informatik in Heidelberg, arbeitete fünf Jahre als Systemanalytikerin in einer Computerfirma und lebt heute, als »Hausfrau und Mutter«, in Stuttgart.

Annette Martin

Windeln & Wahnsinn

Eine Mutter packt aus

RECLAM VERLAG LEIPZIG

Mit 6 Abbildungen

ISBN 3-379-01621-7

Reclam-Bibliothek Band 1621
1. Auflage, 1998
Reihengestaltung: Hans Peter Willberg
Umschlaggestaltung: Kay Krause und Alexander Fleischmann, Leipzig, unter Verwendung eines Fotos von Reinhard Becker, Grafik Werkstatt Bielefeld
Gesetzt aus Meridien
Satz: Satzstudio XYZ, Naumburg
Druck und Bindung: Ebner Ulm
Printed in Germany

Inhalt

Warum dieses Buch oder Die Zeit ist reif

Endlich ist mir klar, was mir fehlt: *Beständiges*. Alles, was ich zur Zeit mache, ist *vergänglich*: der Zustand *aufgeräumte Wohnung*, Wäsche, die dem kritischen Blick von *Frau Klementine* längerfristig standhält, oder Fenster, die eben noch aussahen, als habe sie der *General* bearbeitet und die bereits Sekunden später ein Taubenschiß ziert … nichts, was ich tue, hat länger als zehn Minuten Bestand. So kann es nicht weitergehen. Die Zeit ist reif …

Ein *eigenes* Werk, ein Buch, in Händen zu halten, das wär's. Unverzüglich mache ich mich auf Themensuche: irgendeine solide Abartigkeit, irgendeine schmucke Perversität oder ein noch so unbedeutendes Tabu wird sich doch reißerisch zu Papier bringen lassen!
Der STERN empfiehlt als Renner auf dem Buchmarkt: *Brutalsex-Thriller*, von Frauen geschrieben. Ich glaube, das lassen wir lieber – die angeführten Beispiele (Gurken in irgendwelchen Körperöffnungen, wo sie nach Knigge eindeutig nicht hingehören, oder Sex mit nahen älteren Verwandten) sind so gar nicht nach meinem Geschmack.
Die BRIGITTE serviert in ihrem Dossier das Thema: »Männer sind was Wunderbares«. Welch gelungener Scherz. Wollen die uns doch weismachen, der Machomann ist es, den wir im Tiefsten unseres Inneren begehren, das ganze Softievolk kann frau in der Pfeife rau-

chen. Denn: Frau liebt es stark, erfolgreich und beschützend. Also, dieser Aspekt der männlichen Daseinsberechtigung wäre auch schon abgehandelt.

Ich brauche unbedingt ein *spannendes* Thema. Wie sich der *Jet-Set* rumtreibt ... weiß ich nicht und werde ich bei meiner maroden Finanzlage niemals erfahren. Auch zum Thema: *Hausfrau auf dem Strich* kann ich als Biederfrau nichts beitragen.

Warum gehöre ich keiner *Randgruppe* an? Dann könnte ich wenigstens über meine Selbsthilfegruppenerfahrung parlieren. *Erwachsene Adoptierte* sind zur Zeit der Renner. Was nutzt's, wenn man nicht frühzeitig ausgesetzt wurde. Nichts Spektakuläres gibt es aus meiner Jugend zu berichten – stamme aus total normalen, soliden Verhältnissen. Schade. (Daß ich mit fünfundzwanzig zum *Scheidungskind* wurde, mit diesem betrüblichen Schicksalsschlag kann ich auch keinen Hund hinterm Ofen vorlocken.)

Randgruppe ist wirklich was Feines: Man nehme nur die Grönländerproblematik des Fräulein Smilla. Da schießen die Verkaufszahlen in die Höhe. Ihr Gespür für Schnee ließ mich fast an meinem Verstand zweifeln. Ich wundere mich, wie meine Mitmenschen die mathematischen Feinheiten dieses Werks verstehen. Mußte ich doch des öfteren feststellen, daß die meisten bereits bei der Eingabe einer einfachen Wenn-dann-Formel in ein Tabellenkalkulationsprogramm auf ihrem PC resignieren und behaupten, das Wort *Fakultät* habe sie auf ihrem weiten Weg zur höheren Reife niemals gestreift. *Mathematisches* könnte ich locker bieten: Wie erstelle ich Fußballturnier-Spielpläne für beliebig viele Mannschaften auf beliebig vielen Spielfeldern mit variabler Spielzeit ... in EXCEL? Damit ließe sich locker ein hundert Seiten starkes Werk füllen. Aber wie lassen sich diese Geschehnisse zu einem nervenzerfetzenden Thriller aufblähen? Es hätte zumindest einen anspruchsvollen Touch. Nur, da fehlt mir wieder das Randgruppencharisma. Es ist zum Heulen.

Gerade flattert mir ein Prospekt über aktuelle Hamster- und Hundelektüre etc. ins Haus. Kaum zu glauben, das gefällt den Leuten: *Juchu, mein Pferd hat Geburtstag, Wie striegele ich mein Meerschwein* oder *Hilfe, mein Hamster hat Achselschweiß!* hört sich nun wirklich nicht nach tabubrechendem Thriller an, aber da scheint der Markt unersättlich zu sein. Das verstehe, wer will. (*Mein Schlittenhund in homöopatischer Behandlung* findet auch reißend Absatz. Fräulein Smilla läßt grüßen.) *Hund und Mensch im Zwiegespräch* – der arme Hund –, *Unser Hund wird alt* bis hin zu *Bachblüten für Katzen* oder *Unser Hamster feiert Kommunion*, alles beliebte und gern gelesene Werke.
Stutzen ließ mich *Unsere Agaporniden.* (Das hört sich irgendwie nach einer Ferkelei an. Darf man dem Duden glauben, handelt es sich dabei nur um buntes Vogelgeviech.)
Oder sehr neckisch, die drei großen Hs, die die Welt bewegen: *Huf, Hufbeschlag, Hufkrankheiten.* Alles schon erfolgreich beschrieben.

Hätte ich nur dem Erwerb eines Haustiers zugestimmt! Daraus ließe sich bestimmt ein »Krieg der Hamster« machen. (Aber halt, einen unschlagbaren *Katzenkrimi* gibt es schon auf dem Markt.)
Zwerghasen sind auch spannend. Erzählte mir eine Kindergartenmutter, sie hätte welche zuviel. Zur Vernichtung des täglich anfallenden Biomülls erwarb sie einen Stall nebst Inhalt – einem Zwerghasenpärchen –, ohne sich etwas Böses dabei zu denken. (Sie war wahrscheinlich davon überzeugt, die Hasen seien genauso

streng katholisch erzogen wie sie selbst und erst verlobt.) Doch plötzlich riß sich das angebliche Hasenfräulein das Fell vom Leib. Der Tierarzt diagnostizierte: Typischer Fall von Nestbautrieb, gebt dem Tier eine weiche Unterlage, es will was werfen. Aber keine Panik, Zwerghasen beschränken sich in der Regel auf zwei Nachkommen. Keine Regel ohne Ausnahme: Dieses Prachtweib warf gleich fünfmal um sich. War danach aber keineswegs ermattet, sondern zu neuen Abenteuern bereit. Nun sieht die unfreiwillige Hasenzüchterin besorgt – ob der begrenzten Menge ihres Biomülls – einer trostlosen vegetarischen Zukunft entgegen. Der Einwurf meinerseits, ob sie sich schon über etwaige Inzestmöglichkeiten in Hasenkreisen informiert habe, ließ sie albinogleich erbleichen. Krampfhaft versuchte ich die passende mathematische Formel zur Errechnung der Nachkommenschaft zum Tage X zu finden, kam aber zu keinem befriedigenden Ergebnis, da mich plötzlich Worte (gerichtet an mein Töchterlein) jäh aus meinen Gedanken rissen: »Lisa, willst du nicht zwei zarte, süße, pelzige Zwerghäslein dein eigen nennen? Mutti hat doch bestimmt nichts dagegen!« Aber man soll's nicht glauben, Mutti hat was dagegen. Also wieder nichts, worüber ich schreiben könnte.

An das allseits beliebte Thema: Frau hat Normalmann, sucht aber Traummann, landet – nach vergeblicher Suche – bei Normalmann, der zwischenzeitlich zum Traummann mutiert und … vermehrt sich, mache ich mich erst gar nicht ran. Megaout: Über dieses Stadium bin ich längst hinaus, habe mich bereits *zweimal* erfolgreich vermehrt.

Klar, jetzt hab ich's: *Eine Mutter packt aus!* Outen ist IN! Für irgendwas muß die Pein gut sein, die mir die Brut alltäglich auferlegt. Wenn das kein solider Schocker wird: ein echter Thriller gespickt mit den packenden Abenteuern meines Daseins … zwischen Gallseife und Tobsuchtsanfall! Packen wir's an.

Vom DINKs zum NICKs oder Vom Systemanalytiker zum Tellerwäscher

Dieses Kapitel soll alle Kinderlosen (und solche, die es bleiben wollen) behutsam an das Thema *Wie bereichern Kinder unser Leben?* (Untertitel: »Das möchte ich auch gerne wissen! Warum konnte ich nicht als geschlechtsloser Regenwurm das Licht der Welt erblicken?«) heranführen. Recherchiert – am eigenen Leib – und dokumentiert von einer gewissen A. aus dem schwäbischen S.

Besagte A. aus S. konnten wir im Zustand der *Kinderlosigkeit* durchaus in die Kategorie dynamisch, faltenfrei, nervenstark und beruflich erfolgreich einreihen.

Einige Jahre später – als praktizierende *Muvomoli* (Mutter von Moritz und Lisa) – verdient sie bereits das Prädikat *grüner Punkt*, das heißt, man darf sie als unbedenklich recycelbar, wenn vielleicht nicht gerade gelber-sack-tauglich, so doch zumindest als problemlos kompostierbar einstufen. Zur äußeren Erscheinungsform gehören inzwischen ein schleppender Gang, heraushängende Bandscheibe im Lendenwir-

belbereich, welkes Antlitz, nervöse Zuckungen um die Augen und ein nicht müde werdender hektischer Blick.
Ihre finanzielle Lage läßt sich mit einsetzender Brutpflege am einfachsten mit den Schlagworten vom DINKs = double income no kids zum NICKs = no income chaotic kids umschreiben.

Bestimmten einst der Erwerb teurer Klamotten aus der Luxusboutique (als Trostpflästerchen für das harte Berufsleben), der Besuch edler Schlemmerlokale am Wochenende, horizonterweiternde Städtetouren, Konzertveranstaltungen oder hochdiffizile Fotoexkursionen ihre spärlich bemessene Freizeit, so wandelte sich das Bild nach der letzten Preßwehe schlagartig: Spärlich bemessen war der Inhalt des Geldbeutels, und das Wort *Freizeit* wurde als Fremdwort ersatzlos aus dem Sprachschatz gestrichen.
Mutter A. aus S. begab sich dafür lieber auf die Pirsch, genauer gesagt auf die Schnäppchenjägerei und belegte erfolgreich eine Zusatzausbildung zum versierten Aldi-Kunden erster Klasse. Bei Aldi gibt es zwar fast alles: von der wärmenden Einlegesohle, dem Aufbackbrötchen, dreilagigem Klopapier, Müllbeuteln bis zu Überraschungssonderpöstchen wie Spitzenbodys, Baumkuchen, PCs, Kinderjeans, Sofakissen, Pistolen (vom Kaliber *Heißkleb*, also keine Panik, sie machen nicht der gestreßten Mutti den Garaus, sondern der handgezimmerten Schultüte das Leben länger) – also alles, was den schmalen Geldbeutel eines NICKs erfreut, aber meist nur in sehr begrenzter Stückzahl. Daher zeichnen den erfolgreichen Aldi-Kunden folgende Eigenschaften aus:

- *Pünktlichkeit*
  Mittwoch, 9 Uhr ist Aktionstag, wer zu spät kommt, kriegt nichts

- *Geduld*
  Die lernst du spätestens beim Anstehen an der Kasse
- *Mut* und *Entschlossenheit*
  Willst du ein Sonderpöstchen erbeuten, hilft keine vornehme Zurückhaltung oder zögerlicher Wankelmut
- *körperliche Top-Form*
  Merke: Will dir jemand das unter größtem körperlichen Einsatz erwühlte Kinder-Sweatshirt aus der Hand reißen, diskutiere nicht lange (du bekommst sowieso nur zur Antwort: »Ich nix verstehen!«), sondern presse das Beutestück an die Mutterbrust; Aldi-Qualität übersteht solche Gewaltakte unbeschadet
- *Verhandlungsgeschick* und *Teamgeist*
  Geb' ich dir die Latzhose in Größe 116, erbeutest du mir den Kinder-Anorak in Größe 122.

Das war ein kleiner Exkurs in Sachen »Mach dich fit für den Alltag«, wir wollen ja auch was fürs Leben lernen. Denn spätestens wenn wir den schweinsledernen Aktenkoffer gegen die Wickeltasche aus pflegeleichtem Kunststoff in zartem Pastell eingetauscht haben, heißt es, dem Alltagskampf unerschrocken ins Auge zu blicken.

Wo waren wir stehengeblieben? Ach ja, beim Essengehen und anderen luxuriösen Freizeitveranstaltungen. Essen gehen? Mit ein oder zwei oder noch mehr Kindern? Das ist ein Horrortrip, das lassen wir lieber.

Bezeichneten wir uns früher als weltoffen und aufgeschlossen? Da lautet heute eher die Frage: Habe ich die Nerven und den Mut, das Haus zu verlassen? »Bleibt an der Straße stehen!«, »Kommt aus der Wiese, da liegen Hundehaufen!«, »Faß dies nicht an, pfui, laß den Müll liegen!«, »Moritz, paß mit dem Stock auf!«,

»Nimm die Finger weg!«, »Lisa, geh mit deinen Lackschuhen aus der Pfütze!«

Auch sorgen die lieben Kleinen rigoros für einen soliden und konstanten Tagesablauf, da ist nix mehr mit Rumhängen in den Betten bis in die Puppen oder gar einem spontanen Sexualleben. Jede Nacht endet Punkt 6.05 Uhr (bei der Umstellung auf Winterzeit folgerichtig schon um 5.05 Uhr), wobei eine Nacht aus bis zu fünfundzwanzig Schlafeinheiten bestehen kann, je nach Gesundheitszustand des Kleinkinds und linear zur Anzahl seiner sprießenden Zähne.

Bedeutete Urlaub einst Sightseeing, Besichtigen der Schlösser an der Loire oder stundenlanges ungestörtes Lesen am Strand, belehrt uns die Brut bald eines Besseren: Ab jetzt wird gesandelt, was das Zeug hält, und Mama und Papa werden etwas in Schwung gebracht: »Mama, bau mir eine Burg!«, »Papa, ich will ein Eis!«, »Gehst du mit mir ins Wasser?«, »Mir ist langweilig, keiner geht mit mir auf die Felsen!«, »Huäääh, meine Taucherbrille ist undicht!« …

Konnten wir uns einst an einer schriftlichen Leistungsbeurteilung unserer Projektleitertätigkeit erlaben, erhalten wir heute eher mündliche Resonanz auf unsere Erziehungsbemühungen. (Die Bandbreite reicht hierbei von »Mama ist bled« bis »Mama, ich will dich heiraten«.) Was Mutter A. besonders zu denken gab: Tochter Lisa deutete mit knapp 2 ½ Jahren am Strand auf eine wildfremde Frau und fragte: »Ist das auch eine Mutter?« Woher sollte Mutter A. das wissen? Lisa beantwortete sich daraufhin ihre Frage selbst: »Nein, ich glaube, das ist ein normaler Mensch!«

Als Lebensinhalt bezeichnete Frau A. aus S. ohne Kinder vielleicht ihren Beruf, ihren Mann, ihre Freunde. Mit Kindern fällt die Antwort eindeutig aus: Beseitigung von Flecken jeder Art. Fragt sie heute jemand unvermittelt: Wer zählt zu deinen besten Freunden, wäre die spontane Antwort: Mein HARA-Lappen und die Gallseife. Beide Objekte waren ihr »vorher«, also im kinderlosen Zustand, völlig unbekannt, genauso das ständige Rumschleppen von Trinkflaschen und Tupperdosen, gefüllt mit Apfelschnitzen oder staubtrockenen Butterkeksen. Und dann erst die dazugehörigen Partys, aber halt, das soll ein anderes Kapitel sein.

Als Herausforderung des Tages betrachtete Frau A. aus S. früher gute Fortschritte in ihrem Projekt, Vorträge, zufriedene Kunden. Heute fällt ihr zu diesem Punkt das dreiundzwanzigmalige Absingen von »Leise rieselt der Schnee« bei 35 Grad Celsius im Schatten ein, oder: Wir puzzeln eine Schwimmente aus vier Teilen zum dreihundertsiebenundvierzigstenmale, oder: Wir lesen Bücher »an«, wie Lisa zu sagen pflegt, z. B.: »Gabi, die Maus sucht ein Haus« (zum dreiundachtzigstenmal), ein intellektuell hochwertiges vierseitiges Werk aus speichelfestem Pappkarton. Auch der Bau eines Turms, bestehend aus fünf Einzelteilen, den Lisa unmittelbar nach Vollendung, nicht müde werdend, fröhlich umwirft, stellt größte geistige Anforderungen an die Bauherrin.

Wo früher eine saftige Gehaltserhöhung oder anerkennende Worte durch den Vorgesetzten als Erfolgserlebnis zählten, gelten heute ganz andere Werte. Zum Beispiel: Lisa gelingt es zum ersten Mal, alleine ihre Sandalen an den Fuß zu schnallen, und kommentiert das glücklich mit »Guck mal Mama, leine hafft!« Oder: Wir verlassen den Supermarkt, ohne Mittelpunkt allgemeinen Interesses gewesen zu sein. Moritz erklomm nicht die Regale, und Lisa riß nicht sämtliche Plastiktüten aus dem Vorratsbehältnis, während Mutter A.

hektisch das Förderband an der Kasse mit Ware belegte. Dafür macht Kindsvater Ottrich Karriere und Dienstreisen ins Ausland. Mutter A. reißt auch, aber nur sich am Riemen, um nicht ungespitzt durch die Decke zu schießen.

Früher dachte sie immer, ach, so Nur-Hausfrauen-Mütter, die haben's gut, keine Termine, kein Streß, kein Erfolgsdruck, können sich den ganzen Tag frei einteilen, hier ein Schwätzchen, da ein Kaffeeklatsch. Und wie sieht das Ganze in Wirklichkeit aus? Wir hetzen zur Logopädin (vorher mußte noch Klein-Lisa bei einem freundlichen Mitmenschen abgestellt werden), zur Musikschule, von dort zum Schwimmkurs, zur Leichtathletik, zum Kindergarten, zum Fußball, zu Impfterminen und Vorsorgeuntersuchungen, zur Krabbelgruppe und Mutter-Kind-Turnen (Lisalein darf ja auch nicht zu kurz kommen), zu Kindergeburtstagen, dazwischen versuchen wir immer wieder erfolglos dem häuslichen Chaos Frau zu werden, spielen, puzzeln, lesen vor, empfangen Freunde, hüten Kinder und Babys, entfernen kiloweise Sand aus der Wohnung, kochen, putzen, waschen, sind als Elternbeirat im Kindergarten tätig, versuchen die vorgefallene Bandscheibe zum Rückzug in den Wirbelkanal zu überreden, basteln Sankt-Martins-Laternen oder reizende Osterdekorationen ...

Und dann natürlich der absolute Hausfrauenluxus: gemeinsames Frühstücken mit Freundinnen, wer kann sich das schon leisten? Ein Beispiel hierfür: Mutter A. ist bei ihrer Freundin Christiane zum Frühstück eingeladen. Die Großen (sie streiten sich ständig) sind im Kindi, die beiden Kleinen (Katharina 2½ Jahre, Lisa 2¼ Jahre) lieben sich und sind anwesend, also was kann schon schiefgehen?
Mutter A. und Mutter Christiane schwätzen, trinken

nichts ahnend frische überteu-
arina (nackt) kommt auf ein-
elterlichen Schlafzimmer (wie
heingeraten?) und ruft: »Lisa
A. schwant Fürchterliches,
ck des Ehebetts vollauf be-
ren die Bettwäsche unüber-
die Suche nach dem Corpus
araus? Das ist der feine Un-
en von heute sind auf der
Mutter A. dagegen ist auf
n ihrer Tochter in fremden
tiane meinte dazu nur un-
venigstens, wofür du fünf

S ... war nur ein kleiner Aus-
r ... Kaffeeklatsch doch sehr
ge ... die zwei verstopfen auch
gerne ... oilettenpapier und verteilen die Pampe mit der Klobürste auf dem Boden, räumen in Windeseile sämtliche Schränke im Kinderzimmer aus, mischen gekonnt den Inhalt von vierunddreißig verschiedenen Puzzleschachteln, zerlegen innerhalb von zwei Sekunden Moritz' Legoburg (Bauzeit 13,7 Stunden), wühlen frisch gepflanzte Setzlinge aus der Erde oder sitzen ganz besonders kommunikationsfördernd mit am Eßtisch und singen. Katharina: »Katzenklo, Katzenklo«. Lisa: »Hatzenlo, Hatzenlo«, und das ohne Unterbrechung. Man versteht sein eigenes Wort nicht mehr, und irgendwann nervt es. Mutter A.: »Könnt ihr nicht wenigstens mal was anderes singen?« Katharina einlenkend: »Anderes Katzenklo, anderes Katzenklo ...« Vielleicht fällt auch noch ein Apfelsaftglas vom Tisch, oder Kekse werden erfolgreich in der ganzen Wohnung verkrümelt.

Kinderlose könnten vielleicht jetzt von der abwegigen Frage beschlichen werden: Warum tut sich das einer freiwillig an?
Antwort: Es gibt nichts Schöneres als diese (Monster-) Kinderchen, und lieben tun wir sie über alles!
Und wenn mein Lieschen aufwacht und nach mir ruft und auf mein leeres Bett zeigt und sagt: »Da fehlt was!«
Mama A.: »Was fehlt denn?«
Lisa: »Ein Mensch!«
Mama A.: »Was für ein Mensch?«
Lisa: »Ein Mamamensch!«,
und mir mein Moritz stolz ein Bild schenkt, das er heimlich gemalt hat und das seine Mama zeigt mit Strichbeinen, Kugelbauch, Blume im Haar und zwei riesigen Ohren, dann bin ich wieder für die letzten zehn Attacken halbwegs entschädigt.

Aber halt, immer schön der Reihe nach, zuerst sollte ich erzählen, wie alles anfing …

Wie alles begann

Man glaubt es kaum, aber *es* begann alles ganz harmlos als *Hormonstörung* und mauserte sich innerhalb von nur neun Monaten zur stattlichen *Darmkolik*. Oder so ähnlich.

Das kam so: Ich – studiert, weltgewandt und durchgestylt – ging zu einem weisen Mann in einem weißen Kittel namens König und klagte dem Monarchen, meine Brust ziehe, ich hätte wohl eine *Hormonstörung*. Der gute Mann schaute sich mich und meinen mühsam abgepreßten gelben Blasensaft im Becher genau an und meinte fröhlich, in sieben Jahren werde mich die *Hormonstörung* veranlassen, zur Hauptreisezeit in den Urlaub zu fahren. Anschließend drückte er mir, der angeblichen Mama in spe, und dem Herrn Gemahl tausend Bücher und Warenproben in die Hand, damit wir uns den anscheinend fehlenden Durchblick verschaffen könnten. Daheim probierten wir alle möglichen ekligen Breichen aus und balsamierten uns selig, statt wie sonst mit *Jil Sander* oder *Cool Water*, mit *Bübchen Babycreme* ein.

Was waren wir aus dem Häuschen, nachdem uns der Herr Doktor die Augen geöffnet hatte! Zwölf Wochen begleitete uns angeblich schon ein blinder Passagier, war mit im Urlaub in Italien und sagte kein Wort.

Vorerst hielt ich an der *Hormonstörungstheorie* fest und verlangte von dem Doktorchen handfeste Beweise für seine kühnen Behauptungen. Diese lieferte er prompt, indem er mir einen Blick in mein geheimes Innenleben gewährte. Es war nicht zu übersehen, da schwamm WER. »Ein *Einling*«, meinte er ungerührt. Nun mußte auch ich mich geschlagen geben. (*Hormonstörungen* haben keine Arme und Beine und lutschen nicht am Daumen, das sagte mir der gesunde Menschenverstand.)

Aber das bedeutete noch lange keine Entwarnung, jetzt ging die Jaulerei erst richtig los: »Hoffentlich bleibt ER bei mir und setzt sich nicht vorzeitig ab!« (Hatte ich doch nichts ahnend Squash gespielt und mich meiner fürchterlich schlechten und schlappen Kondition geschämt. Kann ich ahnen, daß da noch einer mitspielt?) Wieso eigentlich ER? Es ist ein Bub, das wußte ich hundertprozentig (eine Frau Mama spürt so was), und er wird *Moritz* heißen.

Der erfahrene Doktor war anderer Meinung: Es spreche alles für eine *Dame* mit langem Hals und kurzen Beinen. Was den weitsichtigen zukünftigen Herrn Papa zum Einschreiten veranlaßte: »Ein Damenname muß her! *Amelie* wäre gut.« Auch das konnte mich nur wenig beeindrucken, dennoch war ich bereit, den geheimen Untermieter ab jetzt *Morilie* zu nennen.

Nach anfänglichem Zähneknirschen meiner männlichen Vorgesetzten – (jetzt haben wir so viel investiert, um sie in Sachen »*Künstliche Intelligenz*« flott zu machen, und was ist der Dank? Sie setzt sich brütend ab) –, wußten sie bald meine Unförmigkeit nebst Inhalt zu schätzen: Konnten sie endlich ihre neuesten praenatalen Geräteerfindungen am lebenden Objekt männlichen Kunden und Studenten vorführen.

Der kluge Fachmann für Preß- und sonstige Wehwehchen hatte die bevorstehende Landung auf den 24. 12. terminiert. (Mit diesem Datum befinden wir uns ja in bester Gesellschaft.) In der Nacht vom 13. auf den 14. 12. überfielen mich grausame Schmerzen, es konnte sich nur um eine *Darmkolik* handeln. Ich durchquerte stundenlang die Wohnung. Alle drei Minuten quälte mich die Darmkolik fürchterlich. Wie konnte ich mir nur so etwas Dummes zuziehen?
Als der Wecker klingelte, entdeckte mich Ottrich auf meiner Wanderschaft. Er glaubte nicht so recht an meine Koliktheorie und wollte mich sofort in die Klinik schleppen. Davon wollte ich wiederum überhaupt nichts wissen:

1. Ich wollte jetzt duschen und
2. mich doch nicht mit einer Darmkolik und einem Koffer in der Hand blamieren.

Man würde mich auslachen und wieder heimschicken. Und überhaupt, ein Muttertier weiß, wann es soweit ist. Mit dem Duschwunsch fand er sich noch ab, aber anschließend zwang er mich nebst Kolik und Koffer ins Auto.

In der Klinik angekommen, bestand ich darauf, den Koffer im Auto zu lassen. (So sehe es mehr nach *Besüchle* aus.) Wir wurden von einer älteren Frau in Ordenstracht gleich in eine Gegend gebracht, wo anscheinend schon andere sehr schwer an Koliken litten. Sie checkte mich durch und murrte pikiert, wo der Koffer wäre. Nach erfolgreicher Durchführung des obligatorischen Einlaufs durfte ich mich zur Belohnung hinlegen. Kaum lag ich auf dem blütenweißen Bett, hatte ich einen See produziert. War das wieder mal peinlich! Die Ordensfrau war versöhnt und fand's prima: *Blasensprung*. Das Doktorchen flitzte vorbei und verkündete, ES komme noch heute – (der hatte Nerven, es war ja erst 8 Uhr morgens) – und verschwand.

Nun jaulte ich in regelmäßigen Abständen unüberhörbar (obwohl ich mir fest vorgenommen hatte, keinen Laut meiner Kehle entweichen zu lassen) und verdrängte sämtliche theoretisch und praktisch erworbenen Kenntnisse der Bauch- und Hechelatmung. Wahrscheinlich in der Hoffnung, ich würde mit der Jammerei aufhören, verpaßte mir die mitleidige fromme Frau ein paar Wollsocken und wendete sich wieder Ottrich zu, der als Gesprächspartner eindeutig die bessere Figur abgab. Sie amüsierten sich königlich über einen zufällig gemeinsamen Bekannten: Klein ist die Welt. Ich jodelte fürchterlich, was keinen interessierte. Da half alles nichts, ich mußte Schwung in die Bude bringen und die Aufmerksamkeit gewaltsam auf mich lenken:

»Ich muß aufs Klo, und zwar sofort, sonst passiert ein großes Unglück!«
»Das kann gar nicht sein, Sie müssen nicht.«
»Ich muß aber sofort, ich weiß es ganz genau!«
»Das bilden Sie sich nur ein!«
So ging das eine ganze Weile hin und her, bis mein Retter im weißen Kittel kam und nach dem Rechten sah.
Plötzlich ging alles ganz schnell, der gute Doktor erzählte was von »zum Gebären auf der grünen Wiese haben sie wohl kein Talent, ihre Qualitäten liegen hoffentlich auf anderem Gebiet« und »Glück gehabt« und »Nabelschnur um den Hals« und »Saugglocke«. (Wollte der uns zur Begrüßung des neuen Erdenbürgers ein Ständchen läuten?)
Es ist ein ER!
»Das ist doch klar!« seufzte die Frau Mama (so was spürt ...).

Alle waren froh und glücklich und fanden MORITZ wunderschön (selbstredend). Es war noch nicht einmal 11 Uhr! »Prima Timing!« meinte die Gebär-Crew zufrieden, »jetzt nähen wir alles wieder zu, und dann gibt es pünktlich Mittagessen.«

Ein Wunderkind

Nachdem Moritz zwei Wochen alt war und sich in seinem neuen Heim recht gut eingelebt hatte, machten wir eine sensationelle Entdeckung: Er *schoß* ein Häufchen im hohen Bogen mit Turbosprengkraft von der Wickelkommode herunter und ließ es zirka einen Meter vor dieser auf dem Teppichboden landen. Ich will ja nicht aus überzogenem Mutterstolz angeben, aber das war wirklich eine Meisterleistung, ein echtes Jahrhundertwerk. Ich muß gestehen, im ersten Moment war ich total entsetzt und schrie panisch: »Kinderarzt, Kinderarzt!« Aber gleich nach dem ersten Schock, bedauerte ich doch zutiefst, daß so wenig Publikum anwesend war. Mein eigen Fleisch und Blut, so jung und schon so begabt!

Tausend Gedanken schossen mir durch den Kopf. Die armen Beckers und Grafs, mußten sie doch jahrelang warten, bis sie ihrem Nachwuchs endlich das Tennisröckchen umschnallen konnten. Oder etwa die Eltern irgendeiner fiedelnden Hochbegabung, ständig das Getöse um die Ohren, dazu die immensen Ausgaben für so eine hochwertige Klampfe – und was passierte uns: lautlos, still und leise, ohne Hilfsmittel oder irgendwelche billigen Tricks, dazu erst zwei Wochen alt und schon ein *Glückstreffer* (im wahrsten Sinne des Wortes). Ich *roch* das große Geld, sah vor meinem geistigen Auge Trophäen über Trophäen, Urkunden und Pokale, Ehrennadeln und Medaillen, eine Jacht in Nizza und eine Villa in Monaco Tür an Tür mit Papa Grimaldi. Sah mich mit Silberputzi und einem Lappen bewaffnet die edlen Teile polieren und in Erinnerung schwelgend die vielen Wettkämpfe Revue passieren …

Ja, hier lag ein wahres Talent vor mir, das es zu fördern gilt! Aber halt, was läßt sich daraus machen? *»Kunstkacker des Jahres«* ist nicht sonderlich salonfähig und olympisch wird diese Disziplin in den nächsten Jahren bestimmt nicht und unter *»Bogenschießen«* versteht der ignorante Sportschütze und laienhafte Fernsehzuschauer vielleicht doch etwas anderes als die tollkühnen Vorführungen unseres Sprosses. Da blieb doch nur der Gang zum Kinderarzt, vielleicht konnte der uns bei der Suche nach einer passenden Talentagentur für junge Künstler behilflich sein.

In der Praxis angekommen, versuchte der Kinderarzt, Moritz mit einem Fieberthermometer zur erneuten Vorführung seines Tricks zu bewegen. Die Nerven zum Zerreißen gespannt und mit stolz geschwellter (Milch-)Brust beobachtete ich nebst Vater Ottrich, der als Erzeuger dieses Wunderknabens natürlich der Vorstellung beiwohnte, kritisch die Testbedingungen. Jetzt gleich werdet ihr Zeugen einer wahren Sensation! Doch oh Schreck, welch herbe Enttäuschung: ein schlappes Häufchen ohne jeden Sprengantrieb und Schubkraft auf des Doktors Untersuchungstisch war alles, was unser junger Künstler zustande brachte. Der Kinderarzt nannte es verächtlich *Stuhl*. Diesen Stuhl wollte er auch gleich behalten und untersuchen. Wenn er meint.

Drei Tage später: Ich glaube aus der Karriere wird nichts. Telefonisch wurde ich heute über die Beschaffenheit des *Stuhls* unterrichtet. Die lapidare Auskunft: Er sei in Ordnung. Die haben einfach kein Verständnis für junge, aufstrebende Talente und deren Eltern.

Hilfe, Attentat!

Nachdem es mit der schnellen Karriere nicht zu klappen schien, befanden sich Vater Ottrich und Mutter A. im absoluten Experimentierstadium. Obwohl sie versuchten, keine weiteren gravierenden Fehler bei der Aufzucht ihres Erstgeborenen zu begehen, blieb das eine oder andere Mißgeschick bzw. Mißverständnis nicht aus.

Wir wollten Moritz natürlich auch etwas bieten und ihn am gesellschaftlichen Leben voll teilhaben lassen. So durfte er bereits im zarten Alter von zwei Wochen mit auf eine Silvesterparty. Hier stellte er seinen angeborenen Sinn fürs Feiern gleich unter Beweis, indem er mit dem Glockenschlag – Punkt null Uhr – lautstark johlend nach einem *Getränk* verlangte. Na klar, er wollte auch mit anstoßen und nicht langweilig und unbeachtet in irgendeiner öden Tragetasche dahinvegetieren. Doch irgendwie hatte er wohl die Gebräuche mißverstanden, denn, statt eines fröhlichen kurzen Zuprostens, saugte er sich unlösbar für die nächsten zwei Stunden an der mütterlichen Zapfstelle fest und zog diese (Zapfstelle nebst Anhang) langfristig aus dem allgemeinen Feierverkehr.

Da wir versäumt hatten, ein Trockentraining in Sachen *elementarer Brutpflege und -aufzucht* zu belegen und uns eingebildet hatten, unsere natürliche Intelligenz oder zumindest ein Überbleibsel an arterhaltendem Urinstinkt würde uns schon weiterhelfen, standen wir

plötzlich vor unserer ersten großen Herausforderung: Der Frischling mußte gebadet werden, da führte kein Weg dran vorbei. Wir schoben das Projekt vorerst beruhigt auf die lange Bank, da uns die besorgte Kinderkrankenschwester mit auf den Weg gegeben hatte, mit der Baderei erst einzusetzen, wenn der *Restnabel* abgefallen sei. So umhüllten wir die Nabelregion großzügig von der Achsel bis zum Oberschenkel mit einem blütenweißen Nabelnetz, was dem Kindlein das Aussehen eines saftigen Schweinerollbratens verlieh, ließen den Nabel Nabel sein (verlorengehen konnte das gute Stück ja nicht. Und überhaupt, hatte das Teil Sammlerwert wie der erste ausgefallene Milchzahn?) und ließen die Zeit für uns arbeiten.
Doch irgendwann war es unumgänglich. Das Badezimmer wurde kräftig eingeheizt. Bestens ausgestattet (das führende Babyfachgeschäft hatte im Monat unseres Erscheinens wahrscheinlich ein Umsatzplus von 300 % zu verzeichnen und massive Probleme, sämtliche Zuliefererfirmen zwecks Füllung des leergefegten Lagers zu mobilisieren) mit einem feudalen Babybadewannenspezialeinsatz, einem exklusiven spitzenbesetzten Badehandtuch mit eingearbeiteter Rüschenkapuze (Henry Maske hätte niemals weinend den Ring verlassen, dürfte er dieses edle Teil sein eigen nennen), mit Spezialbabyschaum und Babyseife, mit Babywaschlappen und Babybadethermometer machten wir uns mutig gemeinsam ans Werk. Moritz stand der Aktion skeptisch gegenüber (was hatten sich die beiden wohl wieder ausgedacht?), vielleicht nagte auch der Hunger an ihm (aber, wie sagten schon die alten Römer, mit vollem Bauch soll man nicht schwimmen gehen) und ließ sich nur widerwillig zu Wasser lassen.
Da sich seine Mißfallensäußerungen aber in Grenzen hielten, wurden wir kühn und schrubbten das gute Kind an der Nabelseite, hinter den Ohren, wuschen

Haare (besser gesagt: die Region, wo andere menschliche Wesen Haare tragen), säuberten Füße und hielten dabei gekonnt das Köpflein in die Höh'. Perfekt! Aber wie kommt man an die Unterseite? Ist doch klar: durch wenden. Elegant drehte Mutter A. Klein-Moritz, begleitet von präzisen Regieanweisungen seitens Vater Ottrichs, dabei aber die unterentwickelte Halsmuskulatur außer acht lassend. Das Köpflein tauchte pfeilschnell ins Wasser mit dem Gesicht voraus, sofortige *Rettungsmaßnahmen* wurden unverzüglich eingeleitet. Der arme Kerl, das Wasser lief ihm übers Gesicht, die Nase triefte, und die Öhrchen tropften, aus dem Mäulchen quoll der Badeschaum. (Mutter A. und Vater Ottrich blickten sich verzweifelt an: Das verzeiht der uns nie!) Hat der uns die Meinung *gesagt*! Auf diesen Schreck hin, mußte Mutter A. unverzüglich die Futterquelle auspacken, damit das Mündchen mit Milch ausgespült und der Ärger heruntergeschluckt werden konnte.
Auch diese Aktion verlief nicht zu seiner vollen Zufriedenheit. Ein angeborener Defekt meinerseits – eine kriminelle linke Brust – läßt unkontrolliert dreistrahlig Milch in alle Richtungen schießen. Und wen trifft's? Klar, Moritz' Kopf. Die Brust hat sich automatisch so eingestellt, daß dem armen Kerl die klebrige, weiße Suppe über das ganze Gesicht läuft, über die Augenbrauen, die Nase bis runter zum Hals ins Hemd hinein. Was jedesmal das Wechseln der komplizierten Hemden zur Folge hat, und da bei dieser Aktion keinerlei Kooperation von seiten des Opfers zu erwarten ist, bin ich schon hochzufrieden, wenn am Ende dieser aufwendigen Prozedur wenigstens drei der winzigen, gummiartigen Fingerstängchen aus dem engen Babyfrackärmel wieder zum Vorschein kommen. (Vater Ottrich läßt so eine Schlamperei natürlich nicht durchgehen, er besteht als korrekter Beamter immer auf Vollzähligkeit.)

Moritz' Oma hält unsere Art der säubernden Babypflege für so bedenklich, daß sie uns – ganz gegen ihre Natur – schärfstens verwarnte, ihrem einzigen Enkel ja nicht einzureden, es handele sich bei unseren Entgleisungen beim Baden um Taufübungen oder -abhärtungen oder -vorbereitungen auf diesen feierlichen Akt. Auch wenn sie keine Kirchensteuer zahle, eines wisse sie genau, so was mache nicht mal der wildeste Pfarrer.

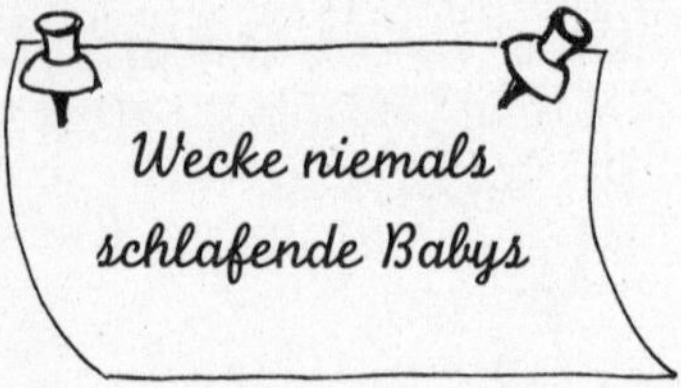

Ich habe den begründeten Verdacht, daß Klein-Moritz sich mit seinen knapp vier Wochen bereits eine Strategie zurechtgelegt hat, wie er sich für die erlittenen Attacken rächen kann.

Er lag abends ganz gemütlich auf dem Sofa und tat so, als würde er schlafen. Da es bereits auf Mitternacht zuging und wir langsam ins Bett wollten, fragte Mutter A. Vater Ottrich zögerlich, ob man es wohl wagen könne, Klein-Moritz noch mal zu wickeln.
Man muß dabei erwähnen, daß wir erst eine Stunde vorher aus einem klugen Werk erfahren durften: »Wecke niemals ein schlafendes Baby!« Wir wickelten aber trotzdem, und das war unser Fehler. (Im Buch hatte auch nicht gestanden, was passiert, wenn man Moritz und seinesgleichen doch weckt.)

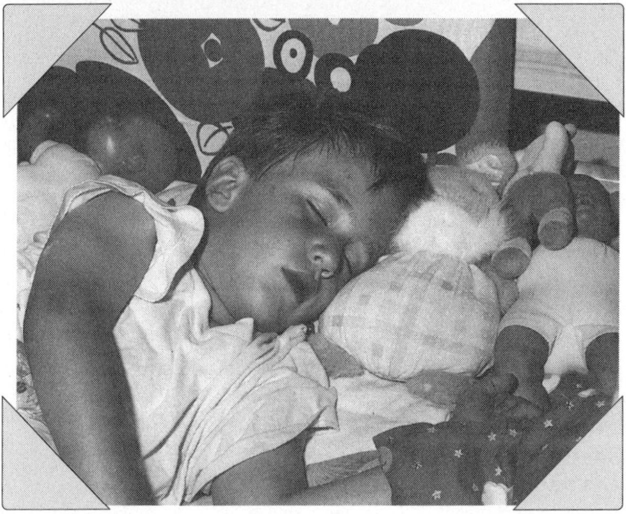

Himmlischer Zustand: Das Kind schläft!

Beim Wickeln wirkte er sehr schläfrig und verhielt sich kooperativ. (Trat ausnahmsweise nicht wie zufällig mit einem Bein in sein Häufchen und ließ seinen Pippistrahl in der alten Windel landen und nicht wie sonst irgendwo im Gelände.)

Wir Anfängereltern machten einen äußerst zufriedenen Eindruck, hatten wir doch bewiesen, daß man *unser* Baby wecken konnte, ohne ernsthaft Schaden zu nehmen.

Erleichtert wollten wir ihn nun in sein rotes Himmelbett stecken. Nicht mit mir, dachte er wohl! Er brummte und brüllte, also mußten wir ihn wieder rausholen. Er warf wild den Kopf hin und her und nagte alles an. Klarer Fall, wir begriffen rasch, er hatte Hunger, also her mit dem Saughuppel. Er trank wie

ein Wilder, ließ nach längerer Zeit dramatisch und erschöpft wirkend den Huppel aus dem Mündchen gleiten, und um die Wirkung zu vergrößern, ließ er etwas Milch über die Wange fließen. Randvoll ist er jetzt, dachten wir. Ein Bäuerchen – wenigstens ein ganz kleines, ein sogenanntes Bauernbaby – wollten wir ihm noch abringen. (Wir geben es nie auf; Bäuerchen macht er nur einmal in der Woche.)
Wir legten ihn zurück ins Bett, er wartete gekonnt ein paar Minütchen, um uns in Sicherheit zu wiegen. Dann legte er wieder los. Das wiederholte sich einige Male. So trank er rund zwei Stunden. Wir nannten ihn *Giftpilz* und *Hammerhai*, harte Worte gegen das sonst so liebevoll gesäuselte: *Mückelchen, Mäusemännchen, Morili, Bärenbübchen* oder *heißgeliebter Gartenzwerg*.

Mittlerweile ging schon wieder die Sonne auf, und wir trösteten uns mit dem Gedanken, da er so viel getrunken hatte, würde er bestimmt zum erstenmal *durchschlafen*. Da hatten wir uns aber mächtig getäuscht, Punkt 4 Uhr stand er auf der Matte und rief nach mehr.

Das also passiert, wenn man schlafende Babys weckt.

Frau Mama wundert sich

Da meine berufliche Karriere zur Zeit auf Eis liegt, muß ich mich nach anderen Betätigungsfeldern umsehen. Meinem Naturell entsprechend bemühe ich mich um den Vorsitz des hiesigen Chaotenclubs. Ich werde mich bei der nächsten Legislaturperiode aufstellen lassen, das Amt ist mir sicher.

Bei meinem Eintritt in die Kaste der *Mamas* bekam ich von meiner Mama – wohl für ihre gleichzeitige Beförderung zur *Oma* – einen edlen Platinring geschenkt. Eines Tages verlor ich einen Stein aus diesem Ring und war fürchterlich unglücklich. Da half nur eines: mich von dem guten Stück zu trennen und es zwecks Reparatur dem Juwelier zurückzuschicken.

... ich weiß nicht wie andere Leute Briefe versiegeln, aber wahrscheinlich nicht so wie ich. Was, wer mich kennt, nicht weiter verwundert.

Also, um einen wertvollen Ring zu verschicken, erzeugt man einen *Wertbrief,* und dieser muß versiegelt werden. Dazu braucht man gutes Verpackungsmaterial, damit dem edlen Stück nicht noch mehr passiert, einen stabilen Umschlag und natürlich Siegellack. Ein anständiger Haushalt besitzt alles, auch eine Siegellackstange. Sogar eine mit Tradition, mindestens zwanzig Jahre alt.

Also, kein Problem. Schwuppdiwupp den Begleitbrief geschrieben, Ring in Plastiktäschchen, Begleitbrief dazu, alles in Umschlag gesteckt, Anschrift drauf; Absender nicht vergessen. In kurzen Abständen den Mori verwarnt, er möge nicht dauernd meine Aktivitäten *kommentieren*. (Er ist inzwischen zwei Monate alt und weiß zu allem etwas beizutragen.)

Nun wollen wir versiegeln! Der vorsichtige Mitbürger übt das erst einmal. Wie bekommt man Siegellack weich? Nicht mit dem Hammer, sondern mit Streichhölzern. Also ab in die Küche, Siegellack mit Feuer in Kontakt gebracht. Nun dachte ich in meiner ganzen Naivität, daß da was zierlich von meiner grünen Siegellackstange auf meinen *Übungsumschlag* tropft, und ich dann noch zierlicher mein Familienwappen in selbiges Tröpfchen drücken kann. Aber weit gefehlt. Erstens tropft nichts, zweitens habe ich gar kein Familienwappen. Zu Problem Nr. 2 fällt mir ein: Verarmter Geldadel nimmt ein Zehnpfennigstück. Zu Problem Nr. 1 fällt mir nichts ein. Also gehe ich Problem Nr. 1 erneut an. Streichholz an Siegellackstange, diese verfärbt sich gelblich, wird zäh, tropft aber nicht. Mist, denke ich so bei mir. Neues Streichholz, neues Glück. Diesmal brennt die ganze Siegellackstange – es stinkt fürchterlich – Mori kommentiert fürchterlich –, aber es tropft nicht. Küchengroßbrand am Rosenmontag ist lästig, also hole ich mir ein Gefäß mit Wasser. Vielleicht muß Siegellack erst einmal lichterloh brennen? Das ist bestimmt ein wichtiger Flambierungseffekt, der erst die richtige Güte des Siegels ausmacht. Aber warum tropft es nicht?

Um die Sache kurz zu machen: Ich bringe die Siegellackstange mindestens fünfzehnmal zum Brennen, lösche dann fachgerecht und bringe zu guter Letzt drei ziemlich verkorkste Siegel auf den Umschlag mit noch

verkorksteren Zehnpfennigabdrücken, schnappe meinen Mori und fahre zur Post. Stelle mich sofort am richtigen Schalter an – *Wertbriefe* – und gestehe dem Postmann verschämt, daß Versiegeln nicht zu meinen besten Leistungen gehört. Er bestätigt mir das und schickt alle Leute, die hinter mir anstehen, an den Nachbarschalter. Wie nicht anders zu erwarten, gefallen ihm meine Siegel nicht, – vor allem mein verarmtes Geldadelwappen imponiert ihm überhaupt nicht. Er meint sogar, das gelte nicht. Daraufhin verschwindet er. Wird ihm übel vor Schreck? Kündigt er?
Nein, er kommt zurück, und was bringt der gute Mann mit? Eine rote Siegellackstange, Feuerzeug und einen Siegelring. Profimäßig hält er das Feuerzeug an den Siegellack, es tropft zierlich – auch auf seine grüne Schreibtischunterlage, was ihn schwer trifft –, und er drückt den Ring (den Siegelring, nicht meinen natürlich) in das Tröpfchen, wiederholt das ganze dreimal, findet den Brief sehr hübsch bunt, und ich bin sprachlos. Warum tropft es bei ihm und bei mir nicht? Ich sage ihm, seine Aktion sei völlig unspektakulär, bei mir habe die halbe Küche gebrannt. Der gute Postler ist höchst zufrieden.

Ich will's wissen

An das gemeine Muttertier werden wirklich hohe Anforderungen gestellt, so sind z. B. Fähigkeiten auf dem Gebiet der Hellseherei von allergrößtem Nutzen, um zur Klärung der drei großen **H**s beizutragen: Handelt es sich um **H**unger, **H**ose voll oder hat das gute Kind O**H**renschmerzen? Aber, sind wir doch ehrlich, das sind Begabungen, die im verborgenen blühen, unbeachtet von der Außenwelt; was uns wirklich fehlt, ist eine echte Herausforderung.

Heute komme ich mit meinem Moritz – er ist schon vier Monate alt – nebst Kinderwagen an einer dieser edlen Parfümerien vorbei und erspähe im Schaufenster einen super Jogginganzug in Petrol. Den muß ich haben, genau das Richtige für zu Hause. Ein verschämter Blick an mir herunter stoppt meinen spontanen Impuls, auf die Eingangstür zuzusteuern. Milchversabbertes T-Shirt (immer an der Schulter von Moris Mäulchen), alte Jeans (so praktisch), rutschende Baumwollsocken, ungeputzte Waldschuhe. Kann ich mich so zu den gepflegten Superfrauen hineinwagen? Was kann ich dagegenhalten? Informatikstudium, fünf Jahre Berufserfahrung bei einer amerikanischen Computerfirma, Mutter des süßesten Babys der Welt! Würde das ausreichen, auch noch den dringendst erforderlichen Friseurbesuch – der dem Stillen geopfert wurde – wettzumachen? Aber plötzlich fällt mir ein, was mir im Erziehungsurlaub fehlt: eine *echte*

Herausforderung! Stell dich den strafenden Blicken der Superfrauen! Es wird ihnen auch nicht entgehen, daß du dein Rouge nur noch einwangig trägst, weil eine Seite meist das Hemdchen von Klein-Moritz ziert.

Wild entschlossen stürze ich auf den Eingang zu, wo zwei für Kinderwagen unüberwindbare Marmorstufen, meinem Selbstbehauptungstraining ein schnelles Ende bereiten. Doch was sehe ich da, eine Dame kommt an die Tür geeilt und will mir sofort helfen, die Hürden zu überwinden. Sie ist mindestens Mitte Fünfzig, trägt einen weißen Kittel und könnte in ihrer ungeschminkten Schlichtheit auch ohne weiteres als Spitzenkraft in einer Mangelstube ihr Geld verdienen. Wo bleibt da die Herausforderung?

Ich frage nach dem Anzug; die Dame sucht mir die passende Größe heraus. So einfach kann das nicht gehen. Irgendwie muß ich mich behaupten!
Also frage ich nach den Seidenhemden aus dem Schaufenster. Die Dame eilt bereitwillig ins Lager und kommt mit allen möglichen Petroltönen zurück. Wieder nichts. Los, deine letzte Chance: Verlange *den* Petrolton aus dem Schaufenster! Mache ich. Die Dame verschwindet sofort in der einen Tag alten Dekoration und holt mir unter großem körperlichen Einsatz das gewünschte Modell. Anschließend wirft sie einen wohlwollenden Blick auf Moritz; der – sonst eher sparsam mit Freundschaftsbeweisen Fremden gegenüber – lächelt zurück. Leicht enttäuscht bezahle ich meine petrolfarbene Beute.

Die Dame steckt mir – ohne auch nur den Versuch zu unternehmen, mich zum Kauf einer teuren Creme oder eines Dufts zu bewegen – ein Pröbchen zu und hilft mir erneut, die Stufen zu überwinden.

Kein angeknackstes Selbstbewußtsein, keine Minderwertigkeitsgefühle!

Draußen angekommen werfe ich einen Blick auf das Pröbchen – wrinkle smoothing mask –, ich bin 29 und fühle mich plötzlich wie 81.

Sein Freund F.

Ich muß unbedingt von Moritz' Freund F. erzählen. Beide sind inzwischen neun Monate alt, und ich bin mir gar nicht mehr so sicher, ob man sie als *Freunde* bezeichnen kann, auch wenn sie sich fast jeden Tag besuchen, denn sehr viele Gemeinsamkeiten haben sie nicht.

Es begann schon bei ihrer Geburt, F. war *überlagert* und mehr als 4 kg schwer, also von Anfang an voll durchtrainiert und somit auch ohne Probleme mit der Kopfhaltung. Moritz dagegen kam zwei Wochen zu früh auf die Welt, hatte sich damit vorgedrängelt und sich bei F.s Mama unbeliebt gemacht, denn eigentlich wäre erst F. an der Reihe gewesen. In der Klinik machte Moritz einen auf dünn, schlapp und mickrig, von Kopf selber halten war überhaupt keine Rede. Selbst beim Saugen verließen ihn oftmals die Kräfte, und eine freundliche Schwester mußte ihn jedesmal gewaltsam wecken und mit der Nase drauf stoßen, wo's was zu futtern gab. F. dagegen bevorzugte gleich die Flasche und wußte, was Sache ist.

Natürlich war F. der *Star* in der Klinik, denn er schlief vom ersten Tag an nachts durch (was Moritz, nebenbei bemerkt, die nächsten vier Jahre nicht machen wird).

Mit drei Monaten gab F. sich wieselflink, zäh und drahtig. Moritz dagegen wurde immer fetter dank der guten Mumi, die er literweise in sich hineinsüffelte. Dies hatte zur Folge, daß auch ihre Fortbewegungsart von äußerst unterschiedlicher Natur war: Moritz rollte lieber seine 2 kg Mehrgewicht, was für ihn physikalisch eindeutig günstiger war. F. dagegen krabbelte leicht, grazil und behende wie ein Lipizzaner im Parcours.

Moritz haßte den Laufstall, F. liebte ihn über alles und verbrachte – zufrieden und glücklich mit sich alleine beschäftigt – den halben Tag darin. Moritz bevorzugte es dagegen, geschleppt zu werden, und wehe, die kreuzlahme Mutter erdreistete sich, den Klops kurzfristig abzusetzen – dann gab's Zoff.

F. ist ein wahres Wunderkind und kann einfach alles, z. B. hielt er seine Milchflasche vom ersten Tag an selbst in der Hand. Moritz ließ sich lieber den Saughuppel servieren.
Mit drei Monaten wußte F. bereits im voraus, wann beim Hoppe-Hoppe-Reiter der *»Sumpf«* kommt.
Mit vier Monaten verschluckte er seine ersten Pommes. Zu diesem Zeitpunkt wußte Moritz nicht einmal, daß es außer Mumi noch was anderes Magenfüllendes auf der Welt gibt.

F. fuhr bereits als Säugling brav Auto (2000 km am Stück), Moritz keine fünf Minuten. Dafür wird er im Auto zur Furie und würde darin niemals ein Auge zumachen, geschweige denn verstummen.

F. stand, lief und tanzte mit fünf Monaten. Fred Astaire zu seinen besten Zeiten war eine lahme Krücke gegen ihn.

Es war jedesmal das gleiche: Wenn F. uns nebst Mama besuchte, gab Moritz sich apathisch, bis sie endlich die Wohnung verließen. Dann erst lebte er wieder auf, und die albernen Kunststücke der Konkurrenz schaute er sich gar nicht erst an (ist doch zu peinlich, wie ein dressierter Pudel benimmt sich der F.).

F. war und ist absolut *pflegeleicht* und liebt Mittagsschlaf über alles, mindestens vier Stunden am Stück, darunter läuft gar nichts. Moritz würde sich tagsüber niemals aufs Ohr legen, das wäre ja noch schöner. Das habe sogar ich, als Anfängermutter manchmal etwas begriffsstutzig, kapiert, zumindest nach dem hundertsten Fehlversuch, ihn flachzulegen.

F. machte den fliegenden Schwan und schwebte elfengleich mit durchgestrecktem, gestähltem Körper durch die Lüfte, wenn ihn seine Mama hochhob. Moritz stand mehr auf fliegendes Schwein und ließ sich einfach schlapp durchhängen, nach dem Motto: Was soll der Blödsinn!

F. saß bereits mit zwei Monaten so stabil im Kinderwagen, daß er beim Metzger eine Scheibe Wurst angeboten bekam (das ist Moritz erst mit neun Monaten passiert, und da habe ich peinlicherweise gepetzt, er hätte noch keinen Zahn).

Aber auch Moritz' Stunde schlug: Im zarten Alter von acht Monaten und einer Woche war die Zeit reif, da hat Moritz ihn schockiert. Wir hatten uns vier Wochen nicht besucht, da F. alleine mit seiner Mama Urlaub in Süditalien machte (und natürlich der heißgeliebte *Sonnenschein* vom ganzen Strand war). Ehrlich gesagt, so-

weit würden wir uns mit M. gar nicht erst aus dem Haus wagen.
Moritz hatte seine Abwesenheit gut genutzt und bei seinen ein Jahr älteren Kumpeln Steffen und Timo Einzelunterricht im Nahkampf belegt.
Da bot es sich an, das Neuerlernte gleich am lebenden Objekt auszuprobieren – los ging's, Attacke vorwärts: Haare gezupft, Ohren geziept, ihn heftig von allen Seiten berollt. F. heulte fürchterlich, seine Mama mußte ihn vor Moritz retten. Sie behauptete, er sei ein Rambo, man habe ihn während ihrer Abwesenheit *abgerichtet*! Sie verließen fluchtartig unsere Wohnung.

Übrigens: Zur größten Freude einer Frau um die Dreißig, die nicht genannt werden will und mit der M. eng verwandt ist (ich helfe: vorne Ma, hinten Ma), hat M. heute seinen ersten fliegenden Schwan gemacht. Diese besagte Frau beging jedoch den gravierenden Fehler, ihn zu einer erneuten Vorführung seines einmaligen akrobatischen Kunststücks zu nötigen. M. entschied sich kompromißlos für das rosa Nutztier.

Gehversuche

Das Mutterdasein lehrt, uns mit kleinen Erfolgen zufriedenzugeben. So sollten wir niemals darauf bauen, unser eigenes Unvermögen durch Höchstleistungen unserer Nachkommen wettmachen zu können. Es sollte sage und schreibe acht Jahre dauern, bis ich die erste Medaille für besondere Leistungen meines Erstgeborenen in Händen halten durfte. Diese erhielt er für einen dritten Platz bei einem Bezirksfußballturnier. Hierbei kam ihm in erster Linie die Devise *dabeisein ist alles* zugute: denn seine Beteiligung am aktiven Geschehen betrug etwa ein Zehntel der gesamten Spieldauer. Die übrige Zeit übte er sich im Bevölkern der Reservebank.

Moritz hat mit knapp sechzehn Monaten entdeckt, daß Beine und Füße nicht nur dazu dienen, die lästigen Socken runterzureißen oder sie wütend beim Wickeln der Mama in den Bauch zu rammen – laufen kann man mit den Dingern auch!

Nachdem all seine gleichaltrigen Freundinnen und Freunde bald beim nächsten Wandertag antreten, er aber in der Krabbelgruppe bei solch leichten Übungen wie kleinerem Ringelreihen passen muß, schwankt er jetzt halsbrecherisch, mehr schnell als sicher, durch die Gegend. Der angeknickte Mutterstolz ist nun bald wieder aufgerichtet, mußte ich doch alle guten Ratschläge der Neuzeit über mich ergehen lassen:

- »Das Kind braucht feste Schuhe!«
- »Mehr üben!«

- »Ein Gehtrainer muß her!«

Ganz schlimm wurde es, wenn die grausamen Fälle aus dem Bayerischen Wald zitiert wurden; die waren mir ja schon von meiner elfmonatigen Stillzeit hinlänglich bekannt. Dort nämlich gibt es Kinder, die bei der Einschulung noch gestillt werden. Das sind bestimmt dieselben, die mit drei Jahren noch keine Lust zum Laufen haben.

Aber dafür hat Moritz ganz andere Fähigkeiten. Zum großen Erstaunen der Kinderärztin, hat er bei der Tetanusspritze nur einmal »AUA« gesagt und dann der verblüfften Frau fröhlich zugewinkt.

Seine nervtötenden Kletterkünste sind auch nicht zu verachten. Egal, ob Fensterbrett oder Eßtisch oder Waschbecken oder Klavier, er kommt überall hoch (und das kann er schon sehr lange) und läßt sich das auch absolut nicht abgewöhnen. Als er einmal bei seinen akrobatischen Übungen rückwärts vom Tisch fällt, zieht er es vor, in Ohnmacht zu fallen und somit den Vorfall zu vergessen, denn aus Erfahrung könnte man ja klug werden.

Seine Sprachbegabung ist enorm, tausendmal am Tag:

- MAMA in jeder Tonlage
- WAU sind alle vierbeinigen Lebewesen
- PAPA ist alles, was fliegt
- AUF, das absolute Lieblingswort, ist der Befehl zum Öffnen aller Schränke, Dosen, Fenster, Autos etc.
- AUA sind kleinere Unfälle

Wenn das kein vielversprechendes Kerlchen ist!

Morbus Mater

Man kann sich keinen härteren Konkurrenzkampf vorstellen als bei einem Gespräch unter Müttern. Merke: Anderer Mütter Kinder können immer alles besser, und das ist selbstverständlich ein persönliches Verdienst der erlesenen Erzeugerin. Anderer Leute Kinder sind schöner, begabter, lieber, bereiten keine Erziehungsprobleme oder gar nächtliche Ruhestörung. Kann das wirklich sein? Ich habe lange darüber nachgedacht und bin zu meiner eigenen Beruhigung zu dem Schluß gekommen, daß es sich bei diesem Phänomen um eine verbreitete Krankheit handeln muß.

Definition: *Morbus Mater* = gefährliche Krankheit, die sofort mit der letzten Preßwehe das Gehirn der werdenden Mama befällt

Folge: Neue Mama nimmt automatisch *Wir*-Form (= Mutter und Kind) an:

- »Wir« können schon am Busen trinken.
- »Wir« können schon eine geschlagene Banane essen.
- »Wir« können schon Pippi in den Topf machen.
- »Wir« haben schon drei Zähne.
- »Wir« brauchen tagsüber keine Windel mehr.
- »Wir« können schon bis fünf zählen.
- Mutter öffnet beim Füttern des Kleinkinds zeitgleich den Mund.
- Rennt das inzwischen flinke Kleinkind auf eine gefährliche Treppe zu, lehnt sich die hundert Meter

weit entfernt stehende Mama instinktiv zurück, damit *wir* nicht von der Treppe plumpsen.

- Beim ersten Einkaufsbummel ohne Kind im Kinderwagen stürmt die völlig vom *Morbus Mater* Infizierte unter den staunenden Blicken ihrer Mitmenschen aus dem Laden samt Einkaufswagen, denn eine Mama *schiebt,* egal was, das geht doch spätestens mit dem Einschießen der Muttermilch in Fleisch und Blut über.

Morbus Mater befällt sofort Teile des Gehirns unter globaler Beeinträchtigung des *Seh-, Sprach-, Hör- und Urteilsvermögens.* Das Barmherzige an der Krankheit: Die Infizierte merkt meist nichts davon. Als weitere Begleiterscheinungen können Nervosität, Vergeßlichkeit und Wahnvorstellungen auftreten.

Beispiele:

1. Sehstörungen:

- hervorgerufen durch Spitzfinger des Juniors oder Salzstange im Auge der Mama. Bei noch vorhandenem Restreaktionsvermögen, sprich Geistesgegenwart (äußerst selten bei *Morbus Mater*): Nasenbluten, weil Spitzfinger oder anderes Tatwerkzeug knapp Augenhöhle verfehlte und Riechorgan innen traf.
- Mutter über ihre dicke, plumpe sechsjährige Tochter: »Die wird mal ganz rassig, das sieht man!« (Woran?) Auch dieses Beispiel zeigt deutlich, welch extreme Einbuße der Sehkraft auftreten kann.

2. Sprachstörungen:
»Eidel, deidel ...«, »Mach schön Happi-Happi!«, »Wie macht das Muhele?«, »Jetzt machst du ein feines Heia!«

3. Nervosität:
Zittern

Angstschweiß und Achselnässe
Unkontrollierte Schreiattacken

4. Vergeßlichkeit:

- Moritz' erste Worte: »Null-Null-Null« mit Fingerzeigen auf die Herdknöpfe. Ursache: Vom *Morbus Mater* befallene Mama gerät beim Verlassen der Wohnung in Panik, weil sie befürchtet, den Herd nicht ausgeschaltet zu haben. Mehrere Kontrollgänge werden erforderlich, um die angespannten Mutternerven zu glätten.
- Wo wir gerade beim Thema Vergeßlichkeit sind – was wollte ich sagen? –, ach so, jetzt fällt es mir wieder ein: Es ist auffallend, daß die dritte Schwangerschaft meistens als »Unfall« (himmlische Fügung) dargestellt wird, keiner weiß, wie's passiert ist (wie ging das noch?). War Flugbestäubung oder sonstige kosmische Störung die Ursache? Nur, komischerweise, einen vierten Nachfahren bekommen die wenigsten, da scheint das Erinnerungsvermögen wieder einzusetzen.

5. Halluzinationen:

Man sieht Kind vom Stuhl fallen, was es aber gar nicht tut, es war nur die Suppe, die sich vom Tisch verabschiedet.

6. Blickfeldeinschränkung, Think Pink:

- Gute Bekannte Renate hat gleichzeitig mit mir die Welt mit einem neuen Erdenbürger bereichert. Sie ruft stundenlang an, um mir alles über ihren Tobias zu erzählen. (Von meinem Moritz will sie nichts wissen.) Wie er schläft, wie er aus der Wäsche schaut, wie und womit er die Windeln füllt, wie er trinkt – aber bitte nur mit Stillhütchen auf der Mutterbrust. Stillhütchen sind überhaupt ihr Lieblingsthema (weil Tupperfan?). Sie könnte darüber habilitieren.

Auch auf jedem Foto sieht man sie mit stolz geschwellter Brust und dem Silikonwarzenschoner. Ich komme mir zweitklassig und minderwertig vor, weil *wir* ohne dieses Teil auskommen. Tobias will auf jeden Fall gar nicht ohne ran. Aber – wer hätt's gedacht – selbst diese lahmen Warzenschoner bringen Dramatik in die Bude, denn beim Auskochen derselben vergißt *(= Morbus Mater)* Mama Renate diese im Topf auf der Herdplatte, die Küche brennt und die gesamte Wohnung ist verrußt, was größere Renovierungsarbeiten nach sich zieht.

- Patrick kann mit neunzehn Monaten noch nicht laufen, was mütterlicherseits als intelligentes Verhalten gewertet wird: Ein schlauer Erdenbürger begibt sich doch nicht freiwillig in Gefahr!
- Gemeinsames Essengehen: Moritz und Maximilian sind beide zwanzig Monate alt. Moritz ist laut, lebhaft und wild zu Gange. Maximilian sitzt zwei Stunden im Hochstuhl und kaut an einer Brotrinde, ohne irgendein Lebenszeichen von sich zu geben. Urteil von Mama Brigitte: Der Maximilian ist halt ein *Denker*! (Worüber hat er wohl sinniert? Vielleicht über die Rinde als solche als Teil des Universums unter Berücksichtigung globaler Aspekte der Bevölkerungsexplosion?)
- Ein Blick in die Zukunft verrät uns: Maximilian mausert sich mit sieben Jahren vom Denker zum Bettnässer (oder vielleicht zum denkenden Bettnässer?). Mutter Brigitte: Er ist ein *Sensibelchen*! Wieder ein Zeichen für sein zartes, intelligentes Wesen. Bettnässen ist doch wirklich was Feines! Ich schäme mich, daß ich nur so was Unsensibles und Kleingeistiges zur Welt gebracht habe und keinen hoffnungsvollen Bettpinkler. Maximilian ist abends um 19 Uhr todmüde und bricht fast am Tisch zusammen. Mutter A. schlägt zurück: »Mein Moritz braucht we-

nig Schlaf, ich habe gehört, das soll ein Zeichen hoher Intelligenz sein!« (= *Morbus Mater:* Gehässigkeit)

Zu Beginn unserer beruflichen Karriere waren Markus-Papa G. und ich gleichgestellt. Nach sieben Jahren gemeinsamen Hausfrauenglücks unterhalte ich mich mit seiner Frau Petra über fusselnde Bodenwischer (Vileda contra Tangomat). Er leitet heute Dreihundertmann-Firma (nach fünfjährigem Auslandsaufenthalt). Ich dagegen erhalte die ehrenamtliche Oberaufsicht über eine Irrenanstalt mit drei Insassen. Papa G. nennt eine Villa, vier Motorräder und zwei Autos sein eigen. Ich dagegen einen acht Jahre alten Passat, den ich mir auch noch mit Vater Ottrich teile. Darüber hinaus erörtere ich mit seiner holden Gattin so äußerst dringliche Fragen wie, ob es legitim sei, um die großen Blumentöpfe herumzuwischen, ohne sie jedesmal zu entfernen. Oder: Ob einmal tägliches Abstauben des schwarzen Schleiflackflügels (haben wir nicht) im Wintergarten (haben wir auch nicht) ausreichend erscheint. Denn merke: Wer seinen Flügel liebt, der wischt. Größeren Diskussionsstoff bietet auch die Frage, ob der allgemeine Großputztag Freitag auf einen anderen Wochentag verlegt werden kann, ohne dabei ernsthaft Schaden zu nehmen. (Putztag haben wir auch nicht! Ich sollte an mir arbeiten! Bis jetzt hat sich der Schmutz bei mir immer freiwillig gemeldet: »Hallo, hier bin ich, ich bin nicht mehr zu übersehen, entferne mich!«)

- Hochintelligente ehemalige Studienkollegin von mir, die mit Ende Dreißig das erste Kind bekommt, ruft mich sechzig Minuten aus den USA an, um mir von ihrem Sprößling und den Wonnen des Stillens zu berichten. (Als sie vor Jahren mit ihrem amerikanischen Verlobten bei uns zu Besuch war, fand sie den Anblick des Stillens bei mir reichlich abartig und peinlich.) Bei dem Telefonat habe ich das Gefühl, sie redet von irgend etwas Exotischem, nie Gehörtem, Außerirdischem, von irgend etwas, bei dem ich gar nicht mitreden könne. Ich traue mich nicht mal zu rufen: Halt, halt, kenne ich alles, ich habe selbst zwei von der Sorte Kind!

- Sobald der Kinderwagen erneut gefüllt ist, pendelt sich das Gesprächsniveau automatisch wieder bei Windeln, Schlaf-, Trink-, Eßgewohnheiten und Strampelhosenqualität ein. Wo bekommt man Babybodys mit Kurzarm? Warum hat Geschwisterkind Klein-Bodo im April Schweißfüße in Sandalen? (Liegt es etwa an der brutalen Entthronisierung durch das jüngere Geschwister?) Beliebt sind auch Themen wie Krabbelkünste der Nesthäkchen oder Taufaktivitäten etc. Welche Mutter/Schwiegermutter trägt was zum Taufmahl bei; wie wird das Geschirr zwischen den Gängen in die Spülmaschine verfrachtet, ohne daß der Täufling Not leidet? Woher bekommt man im Winter blaue Blumen passend zum Taufkleid?
- Mama Frauke ist stolz darauf, daß Sohn Raphael mit seinen fünf Jahren nicht aufs Klo geht, sondern auf den Topf und daß er keine Kuhmilch trinkt, sondern Humana aus dem Fläschchen. Sie erklärt uns, das bringt eindeutig Vorteile im Urlaub: Einen Pippi-Topf könne man immer mit sich führen (stimmt, wenn's auch nicht unbedingt der neueste modische Hit ist). Sohnemann Raphael hat seine festen Prinzipien: Was der Raphael nicht kennt, trinkt er nicht (er handelt also nicht nach dem Motto: »Ich will Kühe!«). Und weil er nichts anderes kennt, trinkt er nur Humana. So einer obskuren Urlaubskuh sollte man nicht über den Weg trauen, wer weiß was

diese ausländischen Vierbeiner in ihrem Euter tragen.

Der *Wohlbefindlichkeits-*, *Zufriedenheits-* und *Selbstwertgefühlpegel* steigt linear zum Zustand des Küchenbodens und fällt gleichzeitig mit der Dicke der Staubschicht auf den Möbeln und dem Füllstand des Wäschekorbs – was habe ich heute wieder geleistet! Vielleicht noch ein kleines Lob für die gelungene Hausmannskost läßt uns glücklich erröten. War's doch ein schöner Tag!

Was lernen wir daraus: Die Aussage »Mütter = verlogenste Sippe der Welt, weil sie behaupten, sie hätten
1. nur Wunderkinder,
2. keinerlei Autoritätsprobleme,
3. noch nie Murren beim Hausaufgaben machen gehört,
4. noch nie eine Ohrfeige verpaßt
5. oder etwa unqualifiziert rumgeschrien«

hat also keinen Bestand, daran ist nur *Morbus Mater* schuld.

Nach drei Jahren erfolglosen Erziehungsbemühungen wurde es zur fixen Idee: Ein neues Opfer muß her. Gefüllte Wiege = neues Glück. Vielleicht hatten wir was dazugelernt. Zumindest theoretisch waren wir voller guter Vorsätze für den neuen Erdenbürger, und schlimmer konnte es auch nicht werden. Geweckt wurden wir nun seit drei Jahren Nacht für Nacht, und für zwei lohnt sich das Aufstehen erst richtig. Außerdem waren die Erstlingsstrampelhosen noch gar nicht durchgelaufen, die von Moritz boykottierten Milchflaschen warteten nach wie vor auf ihren Einsatz, zusammen mit einer angebrochenen Windelvorratspackung. Also, wenn das keine schlagkräftigen Argumente für eine erneute Bevölkerung der roten Leihwiege sind!

Als es endlich geklappt hatte und mein Bauchumfang nur noch das Tragen hochelastischer Leggings in Größe XXXL zuließ – ich war vor Glück ganz aus dem Häuschen, durfte ich doch dem großen Bruder Moritz ein Schwesterlein schenken –, wurde ich von einer erfahrenen Zwei-Kind-Mutter gewarnt: Ich würde mich noch wundern, bei Geschwistern gäbe es wegen allem Streit, sogar darum, wer zuerst ins Auto einsteigen darf. Eine andere Profimutter berichtete mir, sie habe sich in zehn Jahren Lehrerinnendasein niemals so erregt wie im Zusammenleben mit ihren Kinderchen. Das konnte mich überhaupt nicht verunsichern, denn ...

... es begann alles so vielversprechend:

Moritz hatte sich sehnlichst eine *Schwester* gewünscht. Auf die Frage: »Was wünschst du dir zu Ostern?« antwortete er mit seinen drei Jahren: »Ein Ultraschallgerät!« Seitdem er wußte, daß wir Nachwuchs erwarteten, war sein einziger Wunsch eine Puppe. (Welch Wunder, wo er sich bis zu diesem Zeitpunkt ausschließlich für Baustellen, Bagger, Kräne und Müllautos interessiert hatte.) Verbissen schleppte er seinen schweren Bastpuppenkorb nebst Inhalt *Julchen* vier Stunden durch den Zoo und auf jeden Spielplatz.
Aber auch er wurde überallhin mitgeschleppt, sei es zur Fruchtwasseruntersuchung oder zu ärztlichen Kontrollterminen, sogar bis vor die Türen des Kreiß-

saals begleitete er mich (eskortiert von einem Polizeiauto mit Blaulicht und Martinshorn, nachdem dichter Berufsverkehr das Durchqueren der gesamten Innenstadt für den gebärenden Normalmenschen unmöglich machte) – notgedrungen, in Ermangelung eines schnell aufzutreibenden Babysitters.

Nach der anfänglichen Euphorie über den Familienzuwachs namens Lisa hatte sich ein Jahr später Moritz' Einstellung zur Konkurrenz bereits erheblich geändert. Moritz zu seiner Oma: »Hätten wir die Lisa doch nur in ein Heim gebracht!«
Mit fünf Jahren möchte er lieber ein Einzelkind sein. (Zu dieser Erkenntnis kommt Lisa bereits in ihrem vierten Lebensjahr.) Als der Nachbarjunge Daniel (Einzelkind) eine Katze bekommt, ist Moritz' erste Überlegung: »Wenn die Lisa nicht mehr bei uns ist, möchte ich auch eine Katze, oder kann man die gleich noch eintauschen?« Aber auch andere Kinder scheinen mit der Identität ihres Geschwisters so ihre Probleme zu haben. Als ein dreijähriger Bub aus dem Bekanntenkreis gefragt wird: »Benny, willst du lieber ein Brüderchen oder ein Schwesterchen?«, antwortet er: »Ich will ein Joghurt.«

Seit Lisas Geburt warte ich nun darauf, daß Moritz zum *Reh* wird (die Brüder Grimm haben in ihrem Märchen »Brüderchen und Schwesterchen« so eindrucksvoll von solch einer Verwandlung berichtet), aber nichts passiert. Vielleicht hat Moritz aus dem falschen Brunnen getrunken? Der einzige, der in unserer Familie zum Tier wird, bin ich, aber mehr als *Hirsch* ist bis jetzt nicht drin gewesen.

Auf Einzelheiten des Zusammenlebens eines ach so trauten Geschwisterpaars werden wir später ausführlich zu sprechen kommen.

Mein Kind, das gnadenlose Wesen

Auch wenn man mit Fug und Recht behaupten kann, mit niemandem auf der Welt enger verwandt zu sein als mit den Wesen, die nach meist neunmonatiger Tragzeit unserem Innersten entschlüpften, so gibt es wohl keine Kreaturen, deren Charakterzüge und Eigenarten uns oftmals mehr befremden.

Etwas beunruhigt mich an meinem Moritz schon eine ganze Weile: der Zustand seiner Ohren. Ich fragte ihn vor längerem laut: »Wofür du Ohren hast, möchte ich wirklich mal wissen!«
Moritz: »Nicht zum Hören, das sind Funkohren!«
Das wäre natürlich eine einleuchtende Erklärung dafür, daß kleinere Anweisungen, wie »Bitte zieh den Schlafanzug aus!«, erst bei fünfundzwanzigfacher Wiederholung, dann mit 100 Dezibel hervorgebracht, Zugang zu seinen Gehirnzellen finden. Eine andere mögliche Erklärung besteht darin, daß es sich bei beiden Ohren lediglich um Attrappen handelt, die genetisch angelegt wurden, um als knorpelige Vorrichtung zur Befestigung einer Brille bei eventuell auftretender Kurzsichtigkeit im Alter zu dienen.

Sein Geruchssinn ist dagegen hervorragend ausgeprägt. Eine seiner ersten Worte waren: »Hier stinkt's!«, was er bei jeder passenden (Dunggeruch) und unpassenden (parfümierte Damen) Gelegenheit lauthals von sich gab.

Aber schlau ist er wirklich. Ihm fällt immer etwas ein, auch hat er prinzipiell das letzte Wort, da ist er unschlagbar.
Wie kommt man z. B. zu einem zweiten Pudding, ohne daß die penetranten Eltern eingreifen können?
Moris Überlegungen hierzu:
»Ich mache eure Köpfe ab und lege sie auf den Bauernschrank.«
»Wozu soll das gut sein?«
»Dann hole ich mir einen Pudding in der Küche, esse ihn, schraube eure Köpfe wieder an, und ihr habt nichts gesehen.«

Auf die Drohung »Wenn du jetzt nicht lieb bist, bleibst du allein im Zimmer!« blickt er nicht etwa erschüttert und gelobt Besserung, nein, er antwortet vielmehr:
»Dann gehe ich auch raus.«
»Wohin?«
»Aus der Haustür.«
»Wohin denn?«
»Dahin, wo mich einer liebt.«

Nachdem man ihm ein gleichaltriges Mädchen vorgehalten hat, das eine Stunde brav bei Erwachsenen am Tisch saß, ohne dazwischenzuschwätzen oder gar zu zappeln, zeigte er sich wenig beeindruckt und meinte nur: »Das ist doch klar, Mädchen haben eine andere Energie als Jungen!«

Darüber hinaus ist er sehr belesen, besonders, was Märchen betrifft. Sehr beliebt »Der Rattenfänger von H-Milch« oder »Schneewinsel« (das Märchen vom Mädchen, das den langen Zopf zum Burgturm herunterlassen soll).

Seine gepflegte Ausdrucksweise im Alter von 3½ Jahren beeindruckt immer wieder. Beim Ins-Bettgehen: »Mama, ich muß dich noch küssen, du himmlische

Braut. Ich heirate dich.« Oder: »Papa, hättest du die Güte, mich in Ruhe zu lassen.« Oder: Vater Ottrich hatte am Vorabend Moritz aus Versehen mit der Zahnbürste ins Auge gestochen. Es naht die abendliche Zahnputzprozedur. Moritz: »Hilfe! Mama putzt du mir die Zähne? Gnade vor Recht!«

Seine hohe Meinung, seinen Papa betreffend, ist enorm.
Moritz: »Papa, mir fällt auf, wie außergewöhnlich attraktiv du bist!«
Papa (gebauchpinselt) selig und verschämt vor sich hin grinsend: »Du weißt doch gar nicht, was attraktiv bedeutet!«
Moritz: »Oh, doch, eine Mischung aus blöd und gut!«

Mit seiner Mama geht er da härter ins Gericht. Meinen letzten Hilfeschrei: »Jetzt wandere ich gleich aus!« kommentiert er nur ungerührt mit: »Sagte die Wanderratte, als sie nichts mehr zu wandern hatte!« Eine andere Nervenschwäche meinerseits konterte er mit: »Ach, Mama, es gibt nur wenige wie dich, verachtet und vogelfrei!«

Im Urlaub – Mutter A. ist entnervt, sie droht, schimpft, verwarnt, lamentiert und hat schließlich nur noch einen Gedanken: Wie kann ich Moritz am meisten treffen. Rache muß sein! Ach ja, seine geliebte schwarzweiße italienische Urlaubskatze Henriette, für die er ein wirklich weiches Tierfreundeherz zeigt, muß bei der nächsten Drohung dranglauben. Mama A. kaltblütig: »Moritz, wenn du jetzt nicht anständig bist, kaufe ich kein Katzenfutter mehr!« Ha, ha, das sitzt. Wenn er sich jetzt nicht sprachlos ergibt, dann weiß ich nicht. Moritz: »Dann faß ich in die Steckdose!« Mama schokkiert: »Aber Moritz, das ist doch kein Grund, um in die Steckdose zu fassen!« (Wie kommt er denn nur auf so

was, das arme Kind. Das mit der Katze war wohl doch zu grausam, gemeines Mutterschwein.)
Drei Stunden später. Moritz: »Eigentlich kann man auch erst mit sechs Jahren in die Steckdose fassen.«
Mama: »Warum denn das?«
Moritz: »Wenn man nicht in die Schule will.«
Mutter A. total verzweifelt: »Ach, Moritz, warum bist du denn heute auch nicht lieb?« Letzter Appell an sein Tierfreundeherz, vielleicht läßt es sich auch für ein Muttertier erweichen.
Moritz: »Ich kann nicht lieb sein, der liebe Gott hat mich heute nicht lieb gemacht.«
Mama: »Das macht doch nicht der liebe Gott, jeder muß sich selbst bemühen, lieb zu sein.«
Moritz: »Nein, nein, du hast gestern im Betebuch selbst vorgelesen: Lieber Gott, mach, daß ich morgen lieb bin, und er hat's halt nicht gemacht.«

Wie schon gesagt, es gibt keine Situation, in der meinem Moritz nicht noch irgend etwas einfällt. Ich warte immer noch auf den großen Tag, an dem ich das letzte Wort habe und er ergriffen und sprachlos zu mir aufblickt und nickt.

Auch von Fremden läßt er sich nicht so schnell ins Bockshorn jagen. Moritz und sein Freund Kevin versuchen, mit ungültigen jugoslawischen Münzen in der nahegelegenen Gartenwirtschaft ein Eis zu erwerben. Der Wirt beschwert sich. Jedes andere sensible Kind würde verschämt und kommentarlos von dannen ziehen, nicht so Moritz. Er erklärt vielmehr dem Wirt, er verstehe nichts, er spreche so schlecht deutsch, er sei Französer.

Ganz gnadenlos wurde es, als wir nach zehn Tagen Umbau- und Renovierungsarbeiten eine neue Küche hatten. Am späten Abend des zehnten Tages (unvorstellbar: Der liebe Gott hat für die ganze Welt nur sechs Tage gebraucht) ist endlich auch der Herd angeschlossen. Moritz (fünf Jahre alt) fragt, was es zu essen gäbe. Total erschöpfte Mama erklärt, daß sie heute nichts mehr koche. Originalton Moritz: »Jetzt hat die Frau eine neue Küche und kann nicht kochen.«

Sehr passend auch sein unaufgeforderter Zwischenruf an der Kaffeetafel, als ich mich angeregt mit meinen Freundinnen unterhielt: »Die Frau, die ich mal heirate, wird nicht alt!« (Wenn er die auch so niedermetzelt wie seine Mama, kann da was Wahres dran sein.)

Im Hausflur – wir wollen einkaufen gehen, besser gesagt, ich will, Lisa und Moritz müssen. Mutter A. ist gereizt, da Lisa und Moritz in der Mittagszeit rumgrölen. Moritz ist die Ermahnungen, leise zu sein, leid und will schon die Treppen runterflitzen und sein Heil in der Flucht suchen.
Mutter A.: »Du wartest unten an der Haustür bis ich komme.«
Moritz: »Warum?«
Mutter A. – auf dem *Pädagogisch-wertvoll-Trip* – erkläre alles deinem Kind, dann ist es willig: »Weil sonst die Lisa hinter dir herläuft.«
Moritz: »Warum?«
Mutter A.: »Weil die Lisa sonst auf die Straße läuft.«
Moritz: »Warum? Die kriegt doch gar nicht die Haustüre alleine auf.«
Mutter A., pädagogisch wertlos: »Weil ich es halt so will.«
Moritz erbost: »Ja, du bist doch nicht der König, daß ich auf dich warten muß!«
Das sitzt. Frau-Möchte-gern-Königin ist beleidigt und schmollt in sich hinein: Da hat man stundenlang gepreßt und alles für die Brut getan und wird doch nicht geliebt!

Aber auch von den eigenen Freunden kann man oft keinen Trost oder Zuspruch erwarten. Als ich dem Wahnsinn nahe bei meiner Freundin Christiane anrief und ihr mit Schaum vor dem Mund von den grausamen Taten meiner Sprößlinge erzählte, wollte sie nur von mir wissen, welches meine Lieblingsblumen seien. Warum sie das wissen wolle, fragte ich sie irritiert. Daraufhin sie wenig mitfühlend: »Willst du sie als Kranz oder als Gebinde?«

Neulich als ich mich dem Grabe nahe fühlte, meinte sie nur, das kannst du vergessen, Eiche rustikal gefällt dir nicht, IKEA hat so was nicht in seinem Sortiment, Urne ist dir zu eng, Seebestattung ist dir zu feucht, auf dem freien Feld verscharren, haben wir rechtlich noch nicht abgeklärt, kündigen kannst du deinen Posten auch nicht, also, mach weiter. Man sieht: Auf dem Gebiet »Ruhe sanft« macht ihr keiner was vor. Als praktizierende Altenpflegerin ist sie ein richtiger Profi, auch was Modefragen in Sachen: »Was Schickes für die Gruft« anbelangt.

Doch gestern, endlich – ich werde es mir rot im Kalender anstreichen –, meinte mein Moritz: »Mama, du bist so lieb. Du bist die beste Mama von der Welt, auch wenn ich manchmal stinkig auf dich bin, du bist die beste Mama von allen Weltern.«

Was habe ich mich gut gefühlt, was hab ich für tolle liebliche Kinder! Es war doch nicht alles umsonst. Ich habe richtig abgehoben vor lauter Glück, bis, ja, bis … mir Lisa die Kante eines dreihundert Seiten starken Zwergenbuchs auf den mittleren Zeh fallen ließ. Ich jammerte schmerzerfüllt und hörte die Engelchen im Himmel singen. Da meinte meine entzückende 2½ Jahre alte Tochter ungerührt: »Wenn du jetzt heulst, darfst du nie mehr in den Aldi, nie mehr!«

Wie kann das Kind nur so grausam sein!

Auffallen um jeden Preis

Sollten wir in unserem früheren Leben zu der Sorte Mensch gehört haben, die sich bemühte, zurückhaltend, bescheiden und angepaßt möglichst unauffällig durchs Leben zu schleichen, so können wir mit Übertritt zu der Spezies *Mutter* fest damit rechnen, daß uns öffentliche Auftritte vor großem Publikum sicher sind.

Hier nur ein paar Beispiele:
Moritz und ich betreten die ortsansässige Metzgerei und stellen uns an. Moritz klettert an der Theke hoch und stellt sich auf die Taschenablage in Kniehöhe. Dabei kommt er einem etwa fünfzigjährigen sehr gepflegten Herrn zu nahe.
Dieser beschwert sich lauthals, das Kind habe seine Hose berührt. Das komme alles von der antiautoritären Erziehung und so, das wäre ungeheuerlich. Ich lobe den Herrn (nicht den ganz oben, sondern den in der Metzgerei), ich hätte ihm gleich angesehen, daß ER schon mit drei Jahren seinen Knigge vorwärts und rückwärts beherrscht habe. Der Herr freut sich komischerweise überhaupt nicht über mein Lob und schießt grollend und brummend aus dem Laden.

Aber nicht nur im teuren Metzger läßt es sich prima auffallen, dazu eignet sich auch ganz prächtig der Allerwelts-Aldi, ein immer wieder gerne frequentierter Ort des Grauens. Bei der Kühltheke stinkt es fürchterlich.

Moritz fragt mich lautstark: »Mama, hast du einen Furz gemacht?«
Ich antworte recht verschämt: »Nein!« Moritz glaubt wohl, ich hätte die Frage nicht richtig verstanden. Also fragt er das gleiche noch mal, nur diesmal viel lauter, um genügend Zeugen zu haben. Wieder weise ich die Unterstellung peinlich berührt zurück. Als er dann fröhlich verkündet: »Na, dann hast du halt die Hosen voll!« freuen sich alle außer mir.

Auch beim Spazierengehen läßt es sich vortrefflich auffallen.
Moritz jammert unüberhörbar: »Mama, Mama, so einen Helm will ich auch.«
Mir fehlt mal wieder der Durchblick, was er überhaupt meint.
Mama: »Was meinst du denn?«
Moritz: »Den Helm!«
Mama: »Von wem denn?«
Moritz: »Von dem Uhu.«
Mama: »Welcher Uhu?«
Moritz: »Der weiße Helm von dem Uhu.«
Als mir endlich klar wird, worauf er hinaus will, zische ich: »Moritz, halt jetzt die Klappe, das ist eine schicke Häkelmütze mit einer reizenden älteren Dame.«

Lisalein braucht auch ihr Publikum. Wir stehen in einer Schlange an der Supermarktkasse. Lisa sitzt im Einkaufswagen und bohrt genüßlich in der Nase. Da einige Augenpaare interessiert auf uns gerichtet sind, fühle ich mich genötigt, erzieherisch tätig zu werden. »Aber Lisa, man bohrt doch nicht in der Nase!« töne ich oberschulmeisterlich durch den Laden. Lisa daraufhin fröhlich: »Aber Mama, es schmeckt doch soooooooooooo gut!«

Sitze mit Moritz und Lisa beim Hautarzt im überfüllten Wartezimmer. Die zwei langweilen sich grauenhaft. Lisa zupft wild an meinem Hemd und verkündet lautstark: »Mama, ich will an deinem Busen nuckeln, ich habe Durst!« Das Kind ist seit über zwei Jahren von der Brust entwöhnt. Wie kommt sie denn auf so was? Alle Wartenden beäugen mich vorwurfsvoll. Es nutzt auch nichts, daß ich mehrfach vehement beteuere, jahrelang nicht mehr zu stillen. Alle Blicke sagen deutlich: Jetzt gib's schon zu, du bist so eine ganz Perverse!

Ich befinde mich mit Lisa und Moritz in einem Drogeriemarkt. Mehrere Babys in unserer unmittelbaren Umgebung kreischen herzzerreißend. Eine verzweifelte Mutter mit ihrem pinkfarbenen Plärrer auf dem Arm hat sich mit dem Trageriemen ihrer Handtasche im Buggygriff verfangen. Mitleidig eile ich ihr zur Hilfe und befreie sie aus ihrer mißlichen Lage. Moritz hat nichts Besseres zu tun, als durch den Laden zu posaunen: »Aber Mama, warum klaust du denn der Frau ihren Geldbeutel!«

Unsere angeborenen lammähnlichen Wesenszüge legen wir spätestens ab, wenn wir mit unserer kreischenden, zankenden und nörgelnden Brut den Marktplatz unseres Vororts überqueren, dabei, wild gestikulierend und die wüstesten Verwünschungen ausstoßend, unsere lieben Kleinen zurechtweisen. Bei derartigen öffentlichen Auftritten können wir nicht unbedingt auf uneingeschränkten Zuspruch unseres Publikums hoffen. Das uns feindlich gesinnte Lager reagiert mit Kopfschütteln: »Was ist das für eine rabiate Mutter, die armen Kinderchen. Sollten wir das Jugendamt vielleicht einschalten?«, unsere wenigen Fans dagegen lassen uns mit verschämten mitleidigen Blicken ihr Verstehen spüren.

Fronleichnam

Hatten wir einst eine lockere oder fast atheistische Einstellung zur Kirche und deren Rituale, so sehen wir uns plötzlich bei 30 Grad schwülem Wetter kurz vor der Heiligsprechung.

Moritz und Mama A. stürzen sich als Hauptakteure in eine Fronleichnamsprozession, da Moritz befürchtet, er bekomme Ärger mit seinen Erzieherinnen, wenn er nicht den allgemeinen Aufruf seines katholischen Kindergartens zur Teilnahme befolgt.

Vater Ottrich und Lisalein bleiben aus Protest als Protestanten daheim.

Moritz hat sogar, wie angeordnet, ein Blumenkörbchen dabei. Darin rollen die Köpfe eines ganzen Aldiblumenstraußes. (Was blutet Mutter A. das Herz beim Anblick der blütenlosen Stengel in der Vase – man gönnt sich ja sonst nichts.)

Mutter A. ist in ihrer Taufkluft overdressed und auch noch evangelisch. Letzteres läßt sich nicht mehr ändern, aber am »Overdressten« ist eindeutig Vater Ottrich schuld, denn er meinte, mit kurzem Rock würde ich bei einem solch heiligen Aufstand übelst auffallen. So ein Unfug, der Papst nimmt gar nicht teil, und der katholische Pfarrer hatte mir erst kürzlich trotz Minirock fröhlich zugewinkt.

Es beginnt alles mit einer Andacht im Freien, bei der wir leicht verspätet und ziemlich schwitzend eintref-

fen. (Hatten wir ja auch schon Blumenköpfen und die zeitraubende Erörterung der Kleiderfrage hinter uns gebracht.)
Alles sieht sehr feierlich aus: Kommunionkinder, Ministranten, riesige Blumengebinde an langen Stangen, viel Publikum (viel Minirock). Moritz ergattert noch einen Sitzplatz in der ersten Reihe bei seinen Erzieherinnen; gesehen werden ist alles. Mutter A. hält sich dezent im Hintergrund. Die von alten Fronleichnamsprofis angekündigten Ohnmachtsanfälle der brautähnlichen Gestalten bleiben diesmal aus (dabei haben die extra einen Krankenwagen dabei). Die Ministranten (schwarz-weiß und rot-weiß gekleidet – ob das wohl die Güteklasse ausdrückt, wie bei Karate der Gürtel?) machen sich mit ihren eleganten Turnschuhen unter der Kutte auch sehr gut.

Während der Ansprache des Pfarrers taucht plötzlich einer mit einem Käßchen auf und will Geld einsammeln. Jetzt kostet der Aufstand auch noch Eintritt! Der evangelische Moritz bekommt vom Pfarrer ein Kreuz auf die Stirn gemalt, der liebe Gott wird's wohl nicht so eng sehen.

Ein älterer mausgrauer Hiwi vom Pfarrer kommt andächtig schreitend durch die Reihen und holt aus seinem Körbchen Oblaten, die er einzeln bespricht (wie sag ich's meiner Oblate) und dann den Leuten in die Hand drückt. Da bleibt mir evangelischem und noch dazu unkonfirmiertem Mütterchen nur die Flucht. Oder soll ich ihm sage: Ohne Makrone nehm ich's nicht?

Endlich beginnt die eigentliche Prozession, und wir können uns beim Blumenstreuen auf dem Weg durch die Gemeinde – sogar unter Polizeischutz – die Beine vertreten. Es folgt eine weitere Andacht auf dem Schulhof. Anschließend wird heftig weitergestreut bis zur Kirche. Als Ebbe in Moritz' Körbchen droht, sammelt er schnell wieder ein und bringt mehr heim als er gestreut hat (sparsam wie seine Mutter).

Zum Abschluß der Veranstaltung in der Kirche ist das Singen frommer Lieder mit Orgelbegleitung und heftiges Weihrauchkugelschwingen angesagt. Wenn das nicht schön war!

Aber endlich weiß ich auch was *Fürbitten* sind: Einer aus der Gemeinde wünscht sich was, die anderen rufen den lieben Gott um Hilfe. Das wäre auch was für mich: »Bitte mache, daß meine zweijährige Tochter nicht immer alter Stinker zu mir sagt!«, und alle aus der Gemeinde unterstützen mich.

Beim Einkaufen oder Der alltägliche Wahnsinn

Beim aufmerksamen Leser mag vielleicht der Eindruck entstanden sein, daß das Zusammenleben mit Töchtern weniger Berichtenswertes liefere als mit deren männlichen Kollegen. Um dies zu widerlegen, widme ich die nächsten zwei Kapitel ausschließlich meinem weiblichen Nervensägerkind.

Problem: Mutter A. braucht blaue Trauben für einen Geburtstagssalat. Wo ist da das Problem? Das ist doch

ganz einfach, man sucht ein ortsansässiges Obst- und Gemüsefachgeschäft auf und kauft Gewünschtes.
Halt, halt, die Idee ist im Prinzip nicht schlecht, wenn man keine zweijährige Lisa hat. Bei uns artet so etwas leicht aus, da verschärfte Bedingung: lange Schlange an der Theke.

Lisa und Mama betreten den Laden, Mama A. stellt sich brav an. Lisa beschließt, langweilig rumstehen läuft heute überhaupt nicht: Action ist angesagt. Lisa flieht unter die Theke. Mama lockt freundlich. Lisa begrapscht eine Melone und bohrt ihren gefürchteten Spitzfinger in ein aufgeschnittenes Exemplar. Mama verwarnt. Lisa verläßt den Laden und versteckt sich im benachbarten Fotostudio. Mama verläßt den Laden und bringt sich windendes Lisalein zurück. Mama stellt sich wieder an. Andere Mutter plus Mädchen im Lisaalter betreten den Laden und stellen sich gemeinsam brav an. (Zwischen den beiden läuft folgende Konversation in verschiedenen Abwandlungen: »Schatzilein, welches Obst möchtest du denn haben?« Das Kind gibt zierlich Antwort.) Natürlich, die haben in ihrem Einkaufskorb auch nur drei Dinge: eine seltsam aussehende Reformhauswurst im Miniaturformat, ein Tofu und noch etwas undefinierbar Schrumpeliges, das mir als altem Aldi-Käufer gänzlich fremd ist. Wir dagegen: Buggy mit fünf Taschen behängt, samt Brot, Äpfeln und Kartoffeln, was die Karre in eine äußerst instabile Lage versetzt, sobald Kleinkind selbige verläßt.
Derweil klaut Lisa einer alten Oma eine fette Erdbeere aus dem Korb und schleudert sie unter die Theke. Böse Blicke aus dem Publikum in unsere Richtung. Mama droht zischend mit Dresche. Lisalein entfernt sich aus dem Warnkreis der Mutter und holt sich einen Rhabarber aus der Auslage. Diesen schwingt sie wie einen Dreschflegel beim Ernteeinsatz. Mama droht laut mit

Haue. Bitterböse Blicke aus dem Publikum. Lisa flieht ins Fotostudio. Mama hinterher. Beide kommen kämpfend und schwitzend zurück, während die andere Mutter immer noch artig die Obstwünsche ihrer Tochter bespricht. Mutter A. – am Rande des Nervenzusammenbruchs – ist, als sie endlich drankommt, nicht mehr in der Lage, den Horrorpreis von 7,40 DM für eine Handvoll Trauben zu bemängeln.

Ich habe mir Töchter immer so vorgestellt: zart, zierlich, zurückhaltend. Mit Kleidchen, blütenweißen Spitzensocken und Haarschleife, die ihrer Mama nacheifern und ihr reizende Blumensträuße pflücken.

Diese Vorstellung hat mit unserer zweijährigen Lisa zur Zeit wenig gemein.

Erstmal verzögert sich der Haarwuchs, so daß gar keine Schleife im schütteren Haar befestigt werden kann. Als dann endlich dünne blonde Fädchen (von wem hat sie denn die nur geerbt?) bis zum Kragen reichen, und Mutter A. gierig ihr ständig wachsendes Haarschleifensortiment zückt, kreischt Lisa: »Pinsel will ich nicht!« und reißt die rosa Pracht mit einem Handgriff wieder heraus. Damit wäre dieses Thema ein für allemal erledigt. Auch ist blütenweiß bei diesem Kind ein Zustand, der nicht länger als zwei Sekunden anhält und für den es somit auch keine Zeugen gibt.

Ich kann nichts besonders Aufbauendes daran finden, dauernd mit den Worten »Mama bose, Mama blod, Mama Haarne ziehnen, darfst nicht in meinem Zimmer spielen« bedacht zu werden.
So versuchte ich es wieder auf die milde Tour, als sie gerade gemütlich auf dem Boden liegt und ihren Kaba aus der Flasche süffelt:

Lisa, beim Pflücken eines Blumenstraußes für Mama

Mama: »Lisa, bist du mein Nuckelweibchen?«
Lisa: »Bin kein Nuckelweibchen, Mama Nuckelweibchen!«
Mama: »Warum?«
Lisa: »Blodes Nuckelweibchen!«
Mama: »Nuckelweibchen sind doch nicht blöd!«
Lisa: »Doch, Arschlochnuckelweibchen.«
Also wieder nichts! Vielleicht kann das arme Kind gar nichts dafür, denn so ein drei Jahre älterer Bruder prägt natürlich auch, und diesen nimmt sie sich gerne zum Vorbild. So versucht sie wie er im Stehen zu pippen, und da sie nichts Besseres findet, hängt sie ihren Nabelbruch in die Schüssel. (»Ach Lisa, du hast doch keinen Pippimann!« »Doch, wenn ich groß bin.«)
Das bisher einzig Weibliche an ihr ist, der sehnliche Wunsch nach Lackschuhen. (Wobei mir bis heute noch nicht klar ist, ob sie damit meine Ausgeh-Feiertagstreter aus schwarzem Lackleder meint oder Moritz' Badelatschen vom Lidl aus weißem Plastik.)
Neulich erspähe ich in einem Einkaufszentrum schwarze Lacksandalen mit roten Punkten zum Supersonderpreis von DM 14,99 und dazu auch noch in Größe 25. Die soll sie haben! Mein angeschlagenes Mutterherz rast wie wild, nun habe ich bestimmt hundert Pluspunkte bei ihr erzielt. Als wir uns der Käsetheke nähern, und sie fröhlich ruft: »Kinderkäse haben!«, vergesse ich sogar das fehlende »Bitte« einzuklagen (wie sagt man da?) und will ihr auch diesen Herzenswunsch umgehend erfüllen. Kaum haben wir das Gewünschte von der freundlichen Käseverkäuferin in Empfang genommen, ruft Lisalein nicht etwa: »Du bist die beste Mama von der Welt!«, sondern: »Mama ist ein alter Dieb!«, was die Käsefrau nachdenklich stimmt und mich erröten läßt.

Aber alles auf Erden rächt sich: Dieses Einkaufszentrum hat einen besonderen Werbegag, eine lebensgroße lila Kuh, die mit dem Kopf wackelt und mit ihren riesengroßen Augen zwinkert. Als wir unvermutet vor ihr stehen, fällt Lisa fast vor Schreck aus dem Einkaufswagen und wirft sich in meine Arme. »Will heim, Angst, Mama lieb!« und klammert sich an mich. Dummerweise kommen wir bei unserer Einkaufstour noch öfters gefährlich nahe an der Kuh vorbei.

Es geht nichts über zarte, anlehnungsbedürftige Mädchen!

Ich habe den begründeten Verdacht, daß berufstätige Mütter die sogenannten »Nur-Hausfrauen-Mütter« (NHM) als eine geistig minderbemittelte, völlig bekloppte Spezies ansehen, die nur danach lechzt, ihre oilily- oder espritgekleideten Kinderchen zu jeder Tages- und Nachtzeit hüten zu wollen. Diesen NHM muß einfach langweilig sein (was sollten sie auch schon für Hobbys haben, außer die Vorteile eines HARA-Lappens gegen die eines Dampfputzgerätes herauszuarbeiten?), und außerdem streben sie gar nichts anderes an, als pfundweise Mutterglück zu verbreiten und klaglos den Dreck ihrer Lieben zu entfernen.

Ein anschauliches Beispiel:
Berufstätige Mutter Sabine, von der NHM A. seit gut einem halben Jahr nichts mehr gehört hat, ruft an: »Hallo, ich habe gleich einen äußerst wichtigen Termin, könntest du mal kurz für zwei Stündchen meine drei Süßen nehmen?«
Mutter A. denkt »Sch...ade«, und als echter NHM fällt ihr spontan keine Ausrede ein, so verschrumpelt ist ihre Hirnmasse bereits. Außerdem, was sollte eine NHM schon Wichtiges vorhaben? Daß es sich bei den kommenden zwei Stunden um die kostbarsten ihres ganzen Tages handelt (Lisa schläft, Moritz ist im Kindi), traut sie sich erst gar nicht zu erwähnen. So erscheint Mutter Sabine umgehend nebst ihren drei schicken Mädchen. Mutter Sabine trägt Joop-Jeans, Turnschuhe und weiße Schirmmütze. Mutter A. stutzt. (Wer trägt schon bei einem äußerst wichtigen Termin eine weiße Schirmmütze? Da fällt ihr nur Marc-Kevin ein, der trägt sie aber falsch rum, und außerdem ist er erheblich schlanker.) Nachdem Mutter Sabine mit einem fröhlichen »Tschüßi, seid schön brav« fluchtartig die Bude verlassen hat, darf Mutter A. malen: Hexen, Häuser, Dackel, Katzen, Bäume, Pilze, für jede genau das Gleiche möglichst in fünffacher Ausführung, dazu literweise Apfelschorle ausschenken (aber nur im Clownglas, nein, nur in der Hasenflasche, aber ohne Sprudel, aber mit Wasser ... da lacht doch das gütige Mutterherz).
Aber etwas läßt der Mutter A. keine Ruhe: die weiße Kopfbedeckung, und sie befragt ganz vorsichtig die drei reizenden Gäste:
»Ist euer Papa bei der Arbeit?«
»Nein, der hat Urlaub, er ist im Bodybuildingstudio.«
»Und euer Opa?«
»Wissen wir nicht.«
»Ach so, welchen Termin hatte denn eure Mama?«

»Keine Ahnung, sie hat sich ein Cabrio ausgeliehen, mit dem wollte sie rumfahren.«
Wenn das nicht äußerst wichtig ist.
Auf so eine Idee käme eine NHM gar nicht. Warum auch, das hat die doch gar nicht nötig, sie hütet sowieso viel lieber in ihrer reichlichen Freizeit anderer Leute Sprößlinge.

Der anstehende Besuch bei meinen Schwiegereltern Hildegard und Heinz in Wurmlingen verströmt in mir ein ähnliches Glücksgefühl wie die Aussicht auf den Gang zum Schafott. (Die Gründe hierfür liegen in der Vergangenheit und würden ein zehnbändiges Werk füllen.)

Wir treffen uns im Lokal »Zur Krone«. Moritz bestellt Schweineschnitzel mit Spätzle, Lisa Pommes, Mutter A. Hawaiitoast, Hildegard und Heinz teilen sich einen Kronentopf, was auch immer das ist, Vater Ottrich liebäugelt mit überbackenem Schweinesteak plus Zubehör.
Moritz erstickt fast an der Dekorationspetersilie. Weltgewandt zieht er laut würgend den gesamten Petersilienstrunk aus dem Schlund, wobei er sich elegant mit zwei Fingern in den Rachen greift und den grünen Übeltäter triumphierend hervorholt. Nach dieser Attacke rülpst Moritz, eine Gesprächspause abwar-

tend, gekonnt quer über den Tisch. Opa und Oma sind hellauf begeistert und bekommen sich kaum noch ein, bis sie abrupt pikiert verstummen, als Mutter A. ihre gesamte Autorität zusammenkratzt und Moritz mit einer einsamen Zukunft im Auto droht, falls selbiges nochmals vorkomme. Außerdem – Mutter A. kocht vor Zorn und wirft strafende Blicke – gäbe es hier wohl überhaupt nichts zu lachen. (Klarer Fall, Mutter A. macht heute einen auf humorlos, aber Strafe muß sein.)

Hildegard steckt Mutter A. vor den Augen der adretten Bedienung Tina quer über den Tisch möglichst dezent 100 DM zu (bevor sie es vergesse) fürs Urlaubskäßle. Opa Heinz läßt sich da nicht lumpen, gibt knapp sechsjährigem Moritz auch 100 DM mit den Worten: »Da, kauf dir was Schönes!«

Gespräche bei Tisch:
Heinz: »Wie geht es Lisas Herz?«
(Anmerkung: Lisa hat seit Geburt ein Loch in der Herzkammerscheidewand und muß regelmäßig zu Kontrolluntersuchungen.)
Mutter A. wortkarg: »Unverändert.«
Dr. Hildegard (von Haus aus Gardinenfachverkäuferin): »Alle Kinder haben ein Loch im Herz, hat der Michael gesagt, das ist kein Herzfehler.« (Besagter Michael ist ein Medizinstudent aus dem Bekanntenkreis, und der weiß alles, da kann der Kardiologe, der Lisa behandelt, einpacken.) Mutter A. ist lustlos und läßt es auf sich beruhen, da wir dieses Thema schon öfters erörtert haben, und läßt Vater Ottrich brodeln und widersprechen.
Dr. Hildegard: »Anneliese, ach, nein, Annette, dein Vater hat es doch so arg an der Prostata!«
Mutter A.: »Nein, das ist mir neu, er hat Hautkrebs, ein Melanom.«

Dr. Hildegard: »Ach, das ist doch harmlos.«
Der Professor von der Hautklinik sieht es anders, aber er konsultiert wohl die falschen Leute, warum hat er auch nicht meine Schwiegermutter gefragt?

Hildegard bestellt *Suser* (neuen Wein). Alle sollen aus ihrem Glas probieren, alle tun es auch brav, außer dem bösen Schwiegertöchterlein. (Nur über meine Leiche, und da ich nicht vorhabe, in Wurmlingen das Zeitliche zu segnen, bleibt mir nur ein kategorisches, brutales NEIN. Alle anderen Formen von »Neins« verhallen nämlich ungehört in den Gehörgängen meiner entzückenden Schwiegermutter und gelten automatisch als »Ja«.
Das mußte ich wieder einmal Minuten vorher erfahren, als ich trotz mehrmaligem Normalnein meinerseits Schwiegermutters Salat auf meinem Teller wiederfand.
Hildegards abschließendes Urteil über den Suser: »Als Getränk ist der Suser doch gut.« Mutter A., sich auf die Zunge beißend: Als was soll das Gesöff sonst gut sein, vielleicht als feuchter Wickel?

Natürlich fällt mir auch mein eigenes Fleisch und Blut in den Rücken. Moritz läßt sich angesichts des Schweineschnitzels, das er zu Hause nicht bekommt, zu solch üblen Worten hinreißen wie: »So gut kann die Mama nicht kochen.« (Ausgerechnet vor diesem Gremium, wo er doch sonst immer verkündet, seine Mama sei die beste Köchin von der Welt.)

Wir verlassen das Lokal – das wird auch Zeit bei dem schönen Wetter – und wollen uns die Beine vertreten. Moritz zertrampelt vom Baum gefallene, aber völlig intakte Pflaumen.
Mutter A.: »Moritz laß das, mit Essen spielt man nicht.«

Hildegard fröhlich: »Ach, Moritz, du süßer Bengel, spiel doch mit den Pflaumen Fußball, das ist doch lustig.«
Das arme zerbrechliche Kind Moritz (knapp 6 Jahre, ca. 26 kg Kampfgewicht) muß auf diesem fünfundzwanzigminütigen Spaziergang unbedingt getragen werden, er könnte sich ja verausgaben.
Hildegard versorgt mich mit wichtigen Erb-Verwandtschaftszoffgeschichten à la Dallas von Tante Edeltraut und dem nicht salonfähigen Onkel Fritz (Trinker mit Freundin), doch längst verstorben, von dem armen verblichenen Onkel Franz, der Roswitha, dem Georg, der Tante Lotte, dem Onkel Eberhard … Aber irgendwie fehlt mir der nötige Durchblick. Fazit: Sie ist mit der Erbfolge unzufrieden. Eine mir bekannte nette Cousine aus der Sippe, hatte sich zu einer intriganten, undankbaren Giftspritze entwickelt (diese Version war mir ganz neu, kürzlich waren sie noch ein Herz und eine Seele). Als Beweis hierfür wird eine dreiunddreißig Jahre alte Käsekuchengeschichte aufgewärmt, was so gar nicht zu Hildegardchens lockerer Einstellung: »Man muß doch verzeihen können!«, paßt. Ich frage sie, ob sie wieder mit ihrer Schwester Kontakt habe, die im gleichen Ort wohnt und mit der sie sich zerstritten hatte. Nein!, sie reden kein Wort miteinander, würden sich nicht einmal grüßen. Glück muß man haben!

Moritz und Lisa werden natürlich ausführlich geküßt. Möglichst auf den Mund, was meinem Mutterherz grauenhafte Stiche versetzt und mich jedesmal den gedanklichen Waschlappen zücken läßt.

Es folgt ein Besuch in den trauten vier Wänden (daß es sich in der Wohnung um Wände handelt, kann man nur erahnen, man sieht sie nicht, so sind sie zugehängt – Zinnteller, Bilder, Stiche, Wappen, Kuhglokken, Sternzeichenteppiche, Porzellanschwäne ... –, genauso wie der Klodeckel, dieser aber in rosa Plüsch).

Schwiegervater Heinz besitzt jedes erdenkliche Gerät auf dem Markt, das in irgendeiner Form Energie verbraucht und das seine holde Gattin nicht bedienen kann. (Warum auch, ist er doch stolz drauf, in fünfundvierzig Jahren Ehe, davon verschont geblieben zu sein, wissen zu müssen, wo sich in der Küche ein Abtrockenhandtuch befindet, geschweige denn, dieses zum Einsatz zu bringen.) Also besitzt er natürlich auch einen PC mit den tollsten pädagogisch wertvollsten Programmen: Man muß was reinschreien, der Computer wiederholt es. Moritz ist begeistert, drückt sämtliche Knöpfe und brüllt: »Arschloch!« in allen Variationen, der Computer wiederholt es brav. Opa und Oma strahlen: Ist der Bub herzig. Informatikmama resigniert und will heim. Aber eine kleine Hürde muß noch überwunden werden. Sie besitzen drei Fahrräder mit Hilfsmotor (warum eigentlich drei?), die wir unbedingt besichtigen müssen.
Hildegard: »Das wäre doch was für euch, hättet ihr nicht Interesse?«
Hahaha, jetzt ist Vater Ottrich gefordert, ich sehe ihn schon seine heißgeliebten Mountainbikestrecken in Zukunft mit Hilfsmotor erklimmen; dann natürlich mit Integralhelm, damit ihn keiner erkennt. Aber soweit wird es doch nicht kommen, er hat es mit einem kategorischen NEIN klargestellt.

Beladen mit Brot (aus dem Brotbackautomat), Kaffee (Hildegard würde »Kaffffffe« sagen), Äpfeln, Wurst etc. und dem guten Gefühl, jetzt ist es mal wieder geschafft, ziehen wir von dannen. Selbst den Stau und die zankenden Kinder auf der Rückbank nehme ich gerne in Kauf.

Phil Collins

Ich erwähnte es bereits: Abendliche kulturelle Vergnügungen außer Haus stellen einen ganz besonderen Luxus dar und bedürfen präziser Planung, wenn man keine ortsnahen Anverwandten zwecks Babysitterei zum Einsatz bringen kann.

Wir sind extra früher aus dem Sommerurlaub zurückgekehrt, denn seit fast einem Jahr sind wir stolze Besitzer zweier heißbegehrter Phil-Collins-Konzertkarten, und dafür opfert man gerne einen Urlaubstag.
Doch zu Hause angekommen: Die Hiobsbotschaft, die Konzerte werden auf den Oktober verschoben, denn der Keyboarder hat sich bei einem Unfall eine Fleischwunde zugezogen. Wie unangenehm! Na, da bleibt wenigstens genug Zeit, sich um einen Babysitter zu kümmern.

Der Konzerttermin rückt näher, und Mutter A. hat schlaflose Nächte, nicht etwa, weil sie befürchtet, beim Anblick des leibhaftigen Phil in Ohnmacht zu fallen (der ist mir sowieso einen Meter zu klein), sondern weil sie Horrorvisionen befallen. Wie werden die Kinderlein versorgt sein, während ich meinem teuren Vergnügen nachgehe – dazu noch bei eventuellen Katastrophen *telefonisch* unerreichbar?

Also:

- Problem Nr. 1: Wer sittet? Kandidat Nr. 1 spuckt, Kandidat Nr. 2 grippt, und Kandidat Nr. 3 hat 100 Punkte, ist nämlich im Urlaub.

- Problem Nr. 2: Wie gelingt es mir, Lisalein um spätestens 18.45 Uhr zum Schlafen zu bewegen, damit ihr die Aushäusigkeit ihrer lieben Eltern entgeht? Sonst schläft sie nie vor 20.00 Uhr.

Welch Wunder, Problem Nr. 1 löst sich: Der Ehemann des Grippeopfers erklärt sich bereit, den Job zu übernehmen. (Aber, ein männlicher Babysitter, den meine Kinderlein so gut wie nicht kennen, wie soll das gut gehen?)
Auch Problem Nr. 2 ist gar keines, Lisa bekommt den Mittagsschlaf entzogen und wird mit einer doppelten Dosis Hustensaft narkotisiert. Moritz gibt sich ausnahmsweise sehr kooperativ und besteht nur auf einen *kartenspielenden* Babysitter.

Besorgter Vater Ottrich klärt Moritz auf: »Also, Moritz, hör mal zu, wir gehen nachher weg. Der Thomas kommt und bringt dich ins Bett und danach hört euch Biggy (Nachbarin) mit dem Babyphon ab. Du mußt gar nicht panisch werden, wenn du aufwachst, die Wohnungstür ist zwar abgeschlossen, aber nur zu deiner Sicherheit, damit keiner einbricht, wenn wir nicht da sind. Du mußt nur laut in die Anlage nach der Biggy schreien, dabei aber möglichst nicht die Lisa wecken, damit die nicht panisch wird ...« Wenn der jetzt nicht panisch wird, dann weiß ich's nicht!

Es bleiben noch vier Minuten zum Stylen: Jugendlicher Chic in Schwarz ist angesagt: Mohairpulli (Lidl 29,90 DM), Lederbermuda (Multi Markt), Stiefel (Schuh-Mayer), doppeldick Kajal. Muß ja nicht gleich jeder sehen: »Mutter hat Ausgang.«

Babysitter Thomas bekommt Kurzeinweisung, er kennt weder unsere Räumlichkeiten, noch weiß er, wo die Kinder schlafen oder wo sich der Kühlschrank mit Bier befindet.

Vater Ottrich und ich rasen im verschärften Schweinsgalopp zur Straßenbahn, unterwegs begegnet uns die Feuerwehr im Einsatz. Mutter A.s erster Gedanke: Was ist, wenn es brennt oder meine Lisa durch ihren starken Husten spuckt und keiner sie hört?

Wir erscheinen pünktlich beim Konzert, oh, welche Menschenmassen schieben sich durch die Vorhalle. Werde ich meine Kinderchen je wiedersehen bei eventuellen Panikausbrüchen in den Hallengängen?
Ich sehe keinen Notausgang, nur schiebende, drükkende Menschenmassen. Doch nach einer Viertelstunde Schwerstarbeit erreichen wir unsere Plätze. Mein rechter Nachbar samt Begleitung sitzt bereits: ein Raucher, Modell »mantafahrendes Bauernjunges« (enge hellblaue Jeans, graues Sweatshirt, schwarze Konfirmandenschuhe, blondes Schnauzbärtchen). Freundin-Verlobte im Partnerlook, nur ohne Bärtchen. Es geht noch nicht richtig los, dafür aber mein Nachbar: »Ich glaub, da singt schon einer! Da läuft doch wer! Das gibt es doch nicht; nein, was ist denn jetzt los! Da kommt einer an die Bühne. Oh, oh, oh!«
Ich werfe einen besorgten Blick zu ihnen hinüber. Vielleicht ist die Freundin-Verlobte stark sehbehindert, und er muß der Armen alles plastisch schildern. Aber keine dicke Brille, auch keine gelbe Binde am Arm ist zu sehen.
Das Konzert geht los, lautstark, daß das Herz trommelt, und in den tollsten Farben, einmalig. Mein Nachbar raucht hektisch und verkündet: »Jetzt geht's los, da kommt er! Jetzt geht er vor! Wau, wau, wau!« (Oje, ich hab's ja gleich gewußt, ein Blindenhund. Ach nein, nur der Mantamann.) Er ist ganz außer sich. »Hü, hü, hü!« brüllt er mir voll ins erkältungsbedingt angeschlagene Gehör. (Ein Blindenpferd?)

Die Stimmung steigt. Mutter A. schwitzt. Lidlmohair auf feuchter Haut juckt fürchterlich. Mein rechtes Auge tränt fürchterlich. Ich wedele dem genau mein Auge attackierenden Rauch entgegen und huste asthmatisch aus dem letzten Loch. Konzertpause. Zehn Minuten Beine vertreten ist angesagt. Was machen meine armen Kinderchen zu Hause? Hätte ich Thomas sagen müssen, daß Moritz immer noch ein »Kälbchen« wünscht vor dem Einschlafen? (Das heißt, man muß ihm die Tasse mit »Nachtsprudel« hinhalten, und er süffelt dran. Das Kind bekommt ganz sicher mit seinen sechs Jahren einen seelischen Knacks.) Lisa hat bestimmt gespuckt, davon bin ich mittlerweile fest überzeugt. Jetzt weiß ich's, die Abhöranlage ist falsch eingestellt, und Biggy hört nichts von den dramatischen Ereignissen in unserer Wohnung.

Zurück an die Plätze. Mein Nachbar findet sich auch wieder ein, mit Leberkäsbrötchen. Prima, da kann er nicht rauchen und kommentieren. Das Rauchen hat er tatsächlich aufgegeben, das Kommentieren geht vortrefflich mit vollem Mund. Aber die Ohs und Waus und »Das gibt's doch nicht«, »Da kommt ein Neger!«, »Diese Stimme, wau!« nehme ich ihm nicht mehr übel, denn die Lightshow ist wirklich gigantisch und so überwältigend, daß es niemanden mehr auf seinem Platz hält. Hätte er es mir nicht gesagt, wäre es mir am Ende vielleicht gar nicht aufgefallen, wie sagenhaft das Konzert ist.
Auch zum Zugabeerbetteln ist er recht brauchbar mit seinem lauten Organ.

Irgendwann ist es aber soweit, die Straßenbahnheimreise anzutreten, und wir sind kurz nach Mitternacht wieder zu Hause. Alles ist ruhig. (Mit was hatte ich denn gerechnet? Feuerwehrgroßeinsatz? Polizei? Nach ihrer Mama weinende Kinder, die sich schluchzend in meine Arme werfen? Nichts von alledem.) Lisa hatte zwar kräftig gehustet, aber trotzdem gut geschlafen. Moritz ließ sich anstandslos nach drei Runden Mensch-ärgere-Dich-nicht und Alfgucken ins Bett bringen. Nachbarin Biggy hatte regelmäßige Kontrollgänge durchgeführt, nachdem sie durch die *funktionierende* Anlage hörte, daß Lisa stark hustete.

Also, alles bestens! Was hätte ich das Konzert genießen können!

Jetzt verrate ich Geheimnisse ganz besonderer Art, es geht dabei um Vergnügungen, die eigentlich ausschließlich der *weiblichen* Sorte Mensch vorbehalten sind.

Frauenfrühstück, ich fühle mich fehl am Platz. Was soll ich hier matt und schlapp nach einer Magen-Darm-Grippe? Sechs Frauen an einem Tisch. Gesprächsthema: Kinder, Untertitel: Unfälle, erlebt am eigenen Kind. Platzwunden, Abschürfungen, Brüche, Gipse, fehlende Zähne, wer bietet mehr? (Ich kann auf diesem Gebiet überhaupt nichts vorweisen; ach, vielleicht doch: Moritz flog mal im Alter von elf Monaten rückwärts vom Eßtisch, den er zum Leidwesen der elterlichen Nerven täglich des öfteren erklomm, und schlief auf der Stelle ein – eine Prozedur, die sonst ein bis zwei Stunden Schwerstarbeit bedeuteten. Aber da spritzte weder Blut, noch waren ärztliche Sofortmaßnahmen erforderlich. Dieses Erlebnis rangiert bei mir eher unter der Rubrik *Wunder*, also hier unpassend.) Unter den Frauenmüttern beginnt ein Feilschen, nicht ohne Stolz berichten sie von den blutigen Abenteuern ihrer lieben Kleinen.

Absoluter Höhepunkt, durch nichts zu schlagen, also unumstrittener Platz 1: eine mit mindestens Basteldraht und Stopfnadel genähte Fingerkuppe an einem Sechsjährigen im Spanienurlaub mit anschließender brutaler Entfernung selbigen Drahts beim heimischen Kinderarzt.

Da sind Baggerstürze (aus mindestens vier Meter Höhe) mit anschließendem Nähen des Kinns (drei Stiche) oder Treppenstürze mit Ausgang blauem Auge reine Lappalien.

Mein leicht angeschlagener Magen kann diese schwerverdauliche Kost zum Frühstück nur schlecht vertragen, so stelle ich vorsorglich meine Ohren auf leichten Durchzug, um nicht alle grausamen Details mitzubekommen.

Vielleicht hätte ich doch mit dem dramatischen Zungenbiß von Moritz ins Rennen gehen sollen? (Aber, der mußte auch nicht genäht werden, außerdem wird mir jetzt noch übel, wenn ich an die geschlitzte Klappzunge denke.) Bis ich gedanklich den Zungenbiß so aufpoliert habe, daß er im entferntesten konkurrenzwürdig erscheint, ist man (frau) schon zum Thema *Bettnässer* übergegangen.

Auf dem Gebiet bin ich schon wieder absoluter Laie. Da kann ich mich nur an einen feuchten Ausrutscher meinerseits erinnern, der etwa vierundzwanzig Jahre zurückliegt. Damals pippte ich ins Gästebett bei meinem Schweizer-Täntchen in den Ferien. Seitdem lebe

ich in der ständigen Angst – obwohl sich der Vorfall nie wiederholte –, in fremde Betten zu pippen.
Vielleicht macht da mein Lisalein mehr her? Sie pinkelt mit ihren 2 ½ Jahren mit absoluter Regelmäßigkeit alle drei Wochen ins Bett, wenn sie zum Einschlafen eine Milchflasche zuviel gezwitschert hat. Frage ich sie am nächsten Tag, warum das passiert sei, antwortet sie nur »weil« und blickt peinlich berührt ins Eck. Nach weiterer Befragung meinerseits, antwortet sie dann nebulös, es sei was ausgelaufen.
Mama: »Was?«
Lisa: »Pipi!«
Mama: »Warum denn das?«
Lisa: »Weil du reingepinkelt hast.«
Ob diese mageren feuchten Abenteuer ausreichen, um mir Gehör zu verschaffen, wage ich zu bezweifeln. Die Bettnässerfachfrau kommt uns auch noch hochmodern mit elektronisch blinkenden und hupenden Hosen, die beim feuchten Mißgeschick Alarm schlagen.

Themenwechsel: Wann schlägt der gemeine *Nässer* zu? – Richtig: nachts. – Und wo trifft sich Frau mit ihresgleichen zum munteren abendlichen Stelldichein? – Richtig: bei einer Tupperparty. Die Bettnässerfachfrau ist auch noch Tupperberaterin (welch Vielseitigkeit manche Artgenossin aufweist!) und sucht eine *Gastgeberin* für solch eine Party. Der Terminkalender wird gezückt, und ich bekomme es mit der Angst zu tun. Es bleibt mir nur, verschämt gebannt unter den Tisch zu starren, denn die Welt der teuren Plastikdose – auch wenn sie mich unbeschadet bei weitem überlebt – ist nicht meine. Ich bekomme gelegentlich die modisch inaktuelle abgelegte Ware einer Freundin, und auf einer Tupperparty war ich auch noch nie. (Mein erster Gedanke: Was trägt man denn da?)

Während ich im Geiste meinen Kleiderschrank nach etwas Passendem durchsuche, gibt es zum Glück freiwillige Meldungen. Aus lauter Neugier werde ich mir solch einen Aufstand natürlich nicht entgehen lassen. Man muß sich weiterbilden.

Vier Wochen später ist es dann soweit: Ich komme zu spät und habe bereits eine Dreiviertelstunde Tupperei verpaßt. Bekomme als erstes einen Bestellschein nebst Kuli zum Ankreuzen in die Hand gedrückt und bin dermaßen damit beschäftigt, einen Artikel zu finden, der vor dem Komma einstellig ist – (da kommen auf den ersten Blick nur die selbstklebenden Etiketten in Betracht), daß ich dem Vortrag der Tupperfrau nur schlecht folgen kann. Ich bekomme nur soviel mit, daß ich zum Abschütten von Kartoffeln ein dreiteiliges Schüsselset für ungefähr 89 DM benötige (warum hat mir das nie einer gesagt?).
Wäre das Zeug doch wenigstens aus Chrom und Glas, aber für Plastik kann ich mich nur schlecht begeistern, und zum Metzger traue ich mich bis jetzt mit so einem Teil auch nicht.
Die Fachfrau schwärmt vom *Eidgenossen*, ein absolutes Muß, das es in jeder Größe und Form gibt, *Kleiner Eidgenosse, Großer Eidgenosse, Ovaler Eidgenosse* ... Der Name soll wohl darauf anspielen, daß man sich den Kollegen nur mit einem fetten schweizerischen Nummernkonto leisten kann. Meine Devise: »Lieber alle fünf Jahre neue Aldischüsseln als lebenslänglich nur ein Tupperschüsselchen«, reißt hier niemanden vom Hocker.
Und dann die Namen: *Drei Julchen, Kleiner Superstar, Supereidgenosse, Bellevue, Naschkätzchen, Rumpelstilzchen, Schöne Müllerin* ... Wenn es mal soweit ist, daß mich keiner mehr liebhat, gehe ich hoffentlich lieber freiwillig ins Heim, als daß ich meinem Plastiknapf das

DU anbiete. (Hallo, meine *Schöne Müllerin*, hast du heute Lust, mir etwas Puderzucker auf die Waffel zu streuen?)
Nun dürfen wir uns sogar noch etwas aus dem *Schatzkästchen* der tapferen Tupperfrau raussuchen. Bis ich an die Reihe komme, bleibt mir nur noch die Wahl zwischen einem Orangenschäler und einem langstieligen Minischuhlöffel, den man mir als genialen Ketchupflaschenumrührer anpreist. (Ketchupflaschen habe ich bis jetzt geschüttelt, welch grober Schnitzer, und Orangen schälte ich ignorant mit einem stinknormalen Küchenmesser.) Da meine Tuppernachbarin ganz wild auf den Orangenschäler ist – sie hat zwar schon zwei Stück, die findet sie aber nie, weil die immer griffbereit im Wohnwagen liegen müssen –, entscheide ich mich höflich für den Minischuhlöffel, mit dem man sich bestimmt wunderbar am Rücken kratzen kann.
Als man auf die Joghurtherstellung à la Tupper zu sprechen kommt, gerate ich lautstark ins Schwärmen über meine inzwischen fünfzehn Jahre alte elektrische Joghurtmaschine, was mir bitterböse Seitenblicke der eingeschworenen Tuppergemeinde einbringt. (Ich glaube, so ähnlich fühlt sich ein Koranschüler im Bibelkreis.)
Zu guter Letzt kreuze ich schweren Herzens ein Backbuch auf dem Bestellschein an (was soll ich auch mit den Etiketten ohne Dose), und ein einzelner Eidgenosse oder Gewürzzwerg würde sich in meiner Küche bestimmt einsam fühlen, ist ja auch nur ein Mensch.

Hausfrauen-mutterfrust

Damit kein falscher Eindruck entsteht, wo viel Licht, ist auch viel Schatten: Das Hausfrauenmutterdasein kann oft ganz anders aussehen.

Heute ist ein schwarzer Tag! Erst badet Lisa ihre Puppe Nadinechen so heftig, daß diese nicht mehr aufhört zu pinkeln (die Puppe) und sich erstmalig auch ein paar Tränen abringen läßt. Daß dabei das ganze Bad schwimmt, sei nur am Rande erwähnt. Dann fliegt gleich zweimal der Apfelsaft vom Tisch und ergießt sich fröhlich einsickernd auf dem Teppichboden. Danach fällt wundersamerweise auch noch der Restbestand an Weihnachtsplätzchen – anscheinend magisch angezogen von den Apfelsaftklebeflecken – krümelnd zu Tal.

Als hätte es mich zu dieser frühen Stunde nicht hart genug getroffen, flattert mir folgendes, deklariert als »persönliches« – die meinen mich – Anschreiben in den Briefkasten: *Mode für die reife Frau* (so eine Unverschämtheit): *»XYZ schuf Modelle, die für Frauen, wie Sie und mich wirklich tragbar sind: modisch aktuelle Kleider, Ensembles und Röcke, die geschickt strecken«* (warum denn das, ich bin doch schon 1,75 m), *»und verdecken«* (ich bringe gerade einmal 56 kg auf die Waage), *»was dem äußeren Erscheinungsbild abträglich ist«*. Also, vor meinem eigenen Spiegelbild bin ich bis jetzt noch nicht erschrocken oder sollte ich das etwa? Ich rufe verstört »Spieglein, Spieglein ...«, aber es schweigt höflich.

Auf diesen Schreck hin, muß ich mir was Gutes tun. Auf Schnaps stehe ich nicht, rauchen tue ich auch nicht, aber wie wäre es mit was Schickem vom Aldi? Heute ist Mittwoch, das trifft sich gut, da gibt es neue Ware und Knüller. Schnell die Zeitung gezückt und gierig die Aldiangebote studiert. Doch was wird meinem angeknacksten Ego geboten? *Kniebundstrümpfe* – ich bin doch kein Wandervogel; *Schinkenwurst im Ring* (das ist mir neu, ich dachte, da trägt frau Brillanten) und *Damen-Kasacks* aus pflegeleichtem Mischgewebe. Kasack, was ist das überhaupt für ein Wort? Sack stimmt ja, aber warum denn ausgerechnet »Ka«? Der Duden meint dazu: *dt. Schriftsteller* (die gibt es meines Wissens noch nicht bei Aldi) oder *dreiviertellange Damenbluse*. Da fällt wohl die Herzensfreude eines kostengünstigen Frustkaufs ins Wasser. Auch wenn sie mir diese Kasacks mit farblich abgesetzter Stickerei oder farbigen Stoffeinsätzen unbedingt schmackhaft machen wollen. Das war schon immer der Traum meiner schlaflosen Nächte, so ein ärmelloser schweißtreibender Hausfrauenfrack (sehr damenhaft, hihihi). Wenn ich nur an den Stoff denke, bekomme ich Pickel und Juckreiz. Das Ganze kann man auch noch bis Größe 54 haben; na ja, darin läßt sich prima *»das abträgliche äußere Erscheinungsbild«* einkasacken.

Halt, da gibt's doch noch was: ein *Infrarotmassageset*. Das hört sich gefährlich an, Strahlung! Risiko! Vielleicht bringt das ein bißchen Schwung ins triste Hausfrauenleben? Sie protzen in der Anzeige mit *Muskellockerung* und *Kopfmassage* – nur das nicht – und mit *1 Jahr Garantie* (auf meinen Kopf?), sogar *»funkentstört«* (wie langweilig) ist das Teil. Aber warum sollte ich, die ich schon panische Angst vor den strahlenden Ausdünstungen eines Mikrowellengeräts habe, mir freiwillig – für stattliche DM 19,98 – irgendwelche obskuren Infrarotstrahlen um die Ohren schlagen?

Da bleiben nur noch reduzierte *Sahneheringe* oder die 300-Gramm-Packung *Cabanossi* Marke Jägerglück. Aber halt mal, wie wäre es denn mit *30 Teelichtern*? Die armen Kerlchen, eingepfercht auf engstem Raum in einem einzigen kleinen Beutel ohne Luftschlitze! Ist mein Frust auch noch so groß, das kann ich nun doch nicht mit meiner Abscheu gegen Massentierhaltung vereinbaren.

Den absoluten Maßstab für die Muttergüteklasse stellt *Fasching* dar. Eine gute Mutter kennt jedes auf dem Markt befindliche Kostüm und wo es zu erwerben ist (wenn sie schon nicht die Kunst des Nähens drauf hat) und beherrscht jede Schminktechnik aus dem Effeff. Ob Vampir, Prinzessin, Aladdin, Fee, Zauberer, Pocahontas oder Tänzerin, nichts ist ihr fremd. Da werden keine Kosten und Mühen gescheut, um die lieben Kleinen einigermaßen konkurrenzwürdig ins Rennen schicken zu können.

Ich weiß nicht, wie andere Volksgruppen den Rosenmontag begehen, aber wenn sie nur ein halb so buntes Programm zu bieten haben wie das Narrenterzett *»Mutter A. und ihre zwei Zombiekids«*, das dieses Jahr unter dem Motto *»Der ultimative Wahnsinn nimmt menschliche Gestalt an«* auftritt, dann wird es nicht langweilig.

Das Drama nimmt schon gleich nach dem Frühstück seinen Lauf. Moritz soll sich für den Kindifasching kostümieren. Da er sich – nach wochenlanger nervenaufreibender Quengelei – erfolgreich ein *Robin-Hood*-Kostüm (sein allergrößter Herzenswunsch) erjammert hat und dieses erst einmal in dieser Saison getragen hat, steht für mich fest (die Ausgabe von DM 29,99 muß sich ja wenigstens ein bißchen gelohnt haben), das Kind wird *Robin Hood*. Weit gefehlt! Einmal tragen reicht, findet Moritz, er will *Punker* werden (wie sein Freund Kevin). *Punker* will aber ich nicht. Ich zerreiße doch keine Hose, die unsere Oma bei einem ihrer seltenen Besuche künstlerisch wertvoll geflickt hat. Außerdem sind wir (die Elternbeirätinnen plus ihre Brut) nach dem Kindi beim Pfarrer zum traditionellen Rosenmontagsweißwurstessen eingeladen, und *Robin Hood* erfreut das Pfarrerherz bestimmt mehr als *Punker*. Also, wenn kein *Punker*, dann Pirat! Rotes Tuch nach Piratenart um den Kopf geschlungen, schwarze Jeans, Ringelhemd angezogen, Gesicht mit Augenklappe, Totenkopf und Bartstoppeln mittels Kajal (meinem besten) verziert. (»Nein, kein rotes Tuch, ich sehe aus wie 's Rotkäppchen. Ich will ein blaues Tuch!«) Blaues Tuch gehört aber zu Lisas Matrosenkostüm. Sie fängt an zu kreischen, weil sie als echter *»Matroser«* (wie sie es nennt) unbedingt dieses Tuch braucht. Nach längerem zähen Ringen hat er das blaue Tuch auf dem Kopf. Aber auch das bringt nicht den gewünschten Erfolg, ebensowenig ein schwarzes Tuch. (»Ich will überhaupt kein Tuch auf dem Kopf, ich sehe aus wie eine Oma! Ich gehe ohne Kopfbedeckung und angemalt sein will ich auch nicht!« Kommentar Mutter A.: »Ohne Kostümierung kannst du gleich zu Hause bleiben, schließlich ist Fasching.«)

Für den Fasching gerüstet

Mutter A. bekommt erste Anzeichen von leichtem Herzrasen. Die Piratenschminke wird wieder entfernt (durch wutentbranntes Betätigen des Waschlappens mit viel Seife seitens einer brutalen Mutter). Mutter A. tobt. Moritz versucht sich selbst ein vier Nummern zu kleines Indianerkostüm überzustülpen, was natürlich nicht vollständig gelingt. Er kreischt, schreit und wälzt sich theatralisch auf dem Boden. (Vielleicht sollte ich ihn so gefesselt in der Indianerkostümpelle liegen lassen und davonlaufen? Nein, nein, ganz ruhig bleiben! Nie war ich dem Koma näher.) Auch probiert er sich noch mittels ein paar Stoffetzen faschingsmäßig aufzupeppen. Doch alles zu seiner vollen Unzufriedenheit.

Um kurz vor 11 Uhr kann ich triumphierend einen völlig zerknirschten *Robin Hood* im Kindergarten abgeben. (Mutter A.: Sieger durch technischen K.O. nach dreiundachtzig Runden.)

Nachdem sich unser Zeitplan dank dieser massiven Ausschreitungen total verschoben hat, ist verschärfte Hektik angesagt, um noch ein passendes Geschenk für den Herrn Pfarrer zu erstehen. Da er allseits als großer Bayern- und Bierfan bekannt ist, fällt die Wahl auf ein Weizenbierglas mit bayrischem Schliff und Holzdeckel geschmückt mit Engel *Aloisius*. (Kann man einem katholischen Pfarrer einen Engel schenken? Zu spät, gekauft ist gekauft.) Dem Lieschen noch schnell eine Brezel erstanden und ab nach Hause.

Dort erwarten uns fröhliche Wasserspiele: Der Vorraum der gemeinsamen Waschküche ist total überschwemmt, mit Tendenz Überflutung unseres Vorratskellers. Aus der Wand sprudelt aus irgendeinem undichten Ventil munter ein Wasserstrahl. Das hatte mir gerade noch gefehlt! Ich rase in unsere Wohnung und schnappe mir

Lumpen, Schöpfkelle und Putzeimer. Lisa will komischerweise alleine in der Wohnung bleiben. Das sollte mich stutzig machen, wo sie sonst Wasserspielen jeder Art sehr aufgeschlossen ist. Ab in den Keller, ich schöpfe und wische und versuche des Chaos Herr zu werden. Währenddessen watet ein Inderpaar (neue Hausbewohner) mit seinen Gummilatschen (sehr praktisch) fröhlich nickend – die langen Gewänder raffend – an mir vorüber. Was glauben die eigentlich, was ich hier mache? Vielleicht denken sie, das hat bei uns an Rosenmontag Tradition. In diesem Moment kommt Lisa die Treppe runtergerast und brüllt angesichts der Inder hysterisch aus Angst vor dem »braunen Mann« nebst Gattin. Irgendwas will sie mir in der Wohnung zeigen, mir schwant Übles. Hektisch vier Stockwerke wieder hoch gehetzt. Bilanz: Der Kindertisch ist total zugemalt, einem Dino fehlen edle Teile, die der Kinderschere zum Opfer gefallen sind, die Wasserfarben von Moritz hat sie anscheinend mittels Spucke aktiviert und sich damit geschminkt, das Stempelkissen hat sie wohl als Make-up-Schwämmchen benutzt, ein provisorisch verlegtes Kabel ist brutal aus der Wand gerissen, daß der Mörtel nur so flog und die Tapete von der Wand absteht. Und was bietet uns das Klo, für gewöhnlich Lieblingseinsatzgebiet für ihren Schaffensdrang? Im Waschbecken schwimmt eine aufgequollene Brezelleiche Kiel oben – die sich vorhin noch bester Gesundheit erfreute –, sorgfältig mit aufgeweichtem Klopapier geschmückt. In der Kloschüssel schwebt mein Nudelsieb. Lisa bekommt eine geballte Schrei-kreisch-schimpf-ich-werde-wahnsinnig-ich-stecke-euch-ins-Heim-und-verbringe-meinen-Lebensabend-auf-einer-einsamen-Insel-Kombination verpaßt und ab geht's in den Keller zu meinen imposanten Wasserfällen.

Es klingelt an der Haustür, das kann nur meine Rettung bedeuten! Vielleicht kommt ein strahlender Prinz mit stolzem Roß – wie in der Spülmittelreklame im Fernsehen –, um meine Spülhändchen nebst meiner selbst zu retten? Oder vielleicht kommen wenigstens zwei weißgekleidete untersetzte Herren und stülpen mir freundlich, aber bestimmt ein hinten zu bindendes enganliegendes Jäckchen über (nur zu meinem Besten). Nein, schade, dort steht nur ein älteres Paar, er hält sich diskret im Hintergrund, sie ist mit Stirnband und aufreizend fröhlichen Glupschaugen ausgestattet. Sie fragt mich munter: »Sind Sie Frau Martin? Glauben Sie eigentlich an Wunder?« Der vor Enttäuschung drohende Kollaps hätte mir fast die Sprache verschlagen. Ich bringe nur ein gequältes »Nur ans blaue« hervor und schlage mit letzter Kraft die Türe wieder zu, um mich erneut in meine nassen Abenteuer zu stürzen.

Gerade noch rechtzeitig kommen Mutter A. und Matroser Lisa im Kindergarten an, um Robin-Hood-Moritz, der sich mit seiner Rolle als Rächer der Enterbten inzwischen abgefunden hat, in Empfang zu nehmen und uns zur Weißwurst-Pfarrer-Party einzufinden. Lisa schlägt heftig zu, ihr morgendlicher Tatendrang muß hungrig gemacht haben, denn sie verspeist genüßlich vier Weißwürste. Der Pfarrer freut sich über das Geschenk und belohnt uns äußerst großzügig mit Sekt. Lisa wird größenwahnsinnig und verdrischt erst einmal jeden, der ihr unterkommt, egal welche Alters- und Gewichtsklasse. Moritz vergnügt sich mit seinen Freunden im Sandkasten, und Mutter A. bekommt glasige Augen. Hicks, Prost, Helau!

Der Karriereknick

Nach der einhelligen Meinung erfahrener Langzeiteltern beginnt der wahre Härtetest unserer Erziehungsqualitäten und Nervenkraft erst nach ungefähr sechs Jahren, wenn der Ernst des Lebens in Gestalt SCHULE Einzug gehalten hat, um unserem bis dahin unbekümmerten Dasein ein jähes Ende zu bereiten.

Heute ist der große Tag der ärztlichen Einschulungsuntersuchung von Moritz, ein eher denkwürdiger Tag in meiner Laufbahn als Mut-ti (= Muttertier), wie sich herausstellen wird.

Wie alles begann: Moritz sitzt am Frühstückstisch und kreischt ohne Ende: »Duuusch, duuusch, orka, orka, Ottokar, Ottokar, Jeruslei, Jeruslei ...« etc. Mutter A.s Nerven sind in Anbetracht der bevorstehenden Ereignisse leicht angespannt.
Es wird die zweite Runde in Sachen »Wie treibe ich meine Mutter in den absoluten Wahnsinn« eingeläutet. Moritz flüstert: »Im Kinderzimmer sitzt der Wolf!« und knurrt dazu blutrünstig. Lisa kreischt hysterisch. Diese Prozedur läßt sich problemlos zwanzigmal hintereinander wiederholen, ohne die Wirkung zu verfehlen.

Wenigstens wohlduftend soll das Kind beim Amtsarzt vorgeführt werden. Also wird es ausführlich mit Jil Sander geduscht und sogar gecremt. Moritz sieht den Ernst der Lage nicht so recht und wälzt sich ungerührt

in seiner Ausgehkluft (natürlich nur vom Feinsten für diesen Anlaß, also vom Aldi, man gönnt ihm ja sonst nichts) auf dem Boden rum. Alles ist krumpelig. Mutter A. nörgelt. Moritz gibt abartige Geräusche von sich »Urrrah, urrrah, ...!«, Lisa kreischt, Mutter tobt, Moritz lacht ... Es ist soweit: Mut-ti A. mutiert unaufhaltsam zur Furie, mit Schaum vor dem Mund, wilde Drohungen ausstoßend, wie Zwangsjacke, Heim, Tageshort (für Lisa die schlimmste Drohung, sie nennt es allerdings *Tagesfurz*). Furie A. läßt ihre geschundenen Spülhände auf Moritz' Gesäß klatschen und greift in höchster Not zum ersten Mal zu Dr. Bachs Chaos-/Notfalltropfen. Daraufhin kollabiert sie lautlos auf dem Sofa. (Diese Tropfen wurden bei *Schreinemakers* an einem wildgewordenen Pinscher getestet. Er erschlaffte nach Einnahme nur weniger Tropfen unverzüglich zum Bettvorleger. Das gesehen und in die Apotheke rennen war eins. Ein Traum: mit nur vier Tropfen von der Tollwut zum gepflegten Kollaps.)
Mutter A. kommt wieder zu sich – schade –, es war alles so schön still hier. Wattekopf, Hitzewallungen!
Keine Müdigkeit vorschützen, weiter geht's, wir haben schließlich Größeres vor.
Lisa schnell bei Freundin Christiane untergestellt. Die ruft uns »Nur Mut und gutes Gelingen« nach.

Mutter A. und Sohn M. nähern sich dem Bezirksrathaus. Ich registriere hocherfreut: außer Knitter kein Makel an Moritz' Outfit festzustellen. Aber das Glück währt nicht lange ... denn Moritz rutscht aus, da Kinderwagenrampe statt Treppe benutzend und fällt zu Boden. (Somit ist mein einziger noch verbliebener Restwunsch, das Kind möge in ordentlichem und sauberem Zustand zur ersten allgemeinen Schulkatastrophe erklärt werden, auch dahin.)

Wir gelangen ohne Zwischenfälle ins 2. OG zum Gesundheitsamt und finden sogar auf Anhieb die richtige Tür. Uns kommt ein mindestens zwei Meter über dem Boden schwebendes Mut-ti entgegen geflattert, wild gestikulierend, das ungefragt von den eben erbrachten Glanzleistungen seiner Tochter berichtet: »Wenn alle Kinder so wären, Originalzitat der Amtsärztin, dann sind die auf dem Gesundheitsamt arbeitslos.« Nur keine Sorge um euren Arbeitsplatz, liebe Leute, denke ich, jetzt kommt Arbeit auf euch zu.

Im Wartezimmer: Moritz soll sich seiner Schuhe entledigen, eine eher leichte Übung, die er zur vollen Zufriedenheit ausführt. Von der Vorzimmerdame wird er vermessen und gewogen, macht bei ihr Seh- und Hörtest. Besteht alles mit Bravour, was mich mehrmals hintereinander innerlich heftig stutzen läßt, denn ich diagnostizierte des öfteren eine chronische Schwerhörigkeit, wenn nicht gar Taubheit. Seltsam, seltsam! Und Schnupfen hat er auch, was der Öhrchen Hörvermögen normalerweise zusätzlich abträglich ist.
Moritz soll ein Bild malen, er macht sich brav ans Werk.
Beim Durchblättern der mitgebrachten Unterlagen macht uns die Vorzimmerdame darauf aufmerksam, daß eine Diphtherie-Tetanus-Impfung überfällig ist. (Mutter A.: 1 Minuspunkt, eine gute Mutter vergißt so was nicht!) Die Impfung soll sofort nach der Schuluntersuchung von der Amtsärztin nachgeholt werden. Moritz röchelt daraufhin nur noch kraftlos: »Impfung? Ist das das mit der Spritze?« und fällt zusehends in sich zusammen.

In diesem Zustand werden wir zu den heiligen Hallen der Ärztin und ihrer Helferin (who is who?) vorgelassen. Eine gute Frage. Die grinsende Dame im braungestreiften Kittelschürzenkleid (mindestens 1000 %

Polyester, bügelfrei) oder die adrette ältere Geblümte (3000 % Polyacryl) mit Serviette an der Brust, die am Schreibtisch residiert und beim Öffnen des Mundes mit einem extrem harten Deutsch aufwartet? Echt keck die zwei.

Die eine übt mit meinem Moritz hüpfen auf einem Bein. Die andere straft mich mit Blicken und meint kurz, mein Sohn sei genau richtig groß und schwer: 1,27 m und 26 kg. Ich bemerke aufmüpfig, er wäre doch wohl recht groß für sein Alter. Nein, werde ich zurechtgewiesen, er sei nicht groß, erst bei 1,31 m wäre er groß (sie sagt kroß).

Die andere Dame hüpft immer noch fröhlich kichernd mit Moritz durch die Gegend. »Hoppela, jetzt wärst du beinahe umgefallen.« Ich verstumme lieber. Ich glaube, ich störe hier. Die Hüpfdame läßt sich ebenfalls am Schreibtisch nieder und läßt Moritz Kugelkombinationen und Häuser nachmalen. (Die präparierte Spritze liegt hämisch grinsend und schußbereit auf dem Schreibtisch.) Moritz soll Farben benennen (kein Problem) und »drei gelbe, zwei grüne, vier rote und drei blaue Plättchen« von einem Stapel reichen, was er prompt falsch macht. Ich halte die Luft an. Nun ist die vermeintliche Ärztin (in Gedanken nenne ich sie Dr. Blümchen) an der Reihe und legt fünf hölzerne Zungen-runter-drück-Stäbchen auf den Tisch. Moritz soll sie zählen. Er glotzt mich ratlos an. Ich will ihm auf die Sprünge helfen und sage, er soll sie doch zusammenzählen. Prompt pflaumt mich die Geblümte nebst Serviette auf sehr Rumänischbulgarisch an: »Sie schauen so böse, das Kind weiß nicht mehr, was es weiß, lassen Sie das.« Ich bemerke vorsichtig, ich würde mich nur wundern, weil er daheim hervorragend mit zweistelligen Zahlen rechnen könne. (19 weniger 11 ist für ihn ein Kinderspiel, wer Moritz kennt, weiß, mit so einem Pipifax gibt er sich gar nicht erst ab, er bewegt

sich da schon in ganz anderen Sphären: Was kommt nach unendlich? Klar, unendlich und 1 natürlich. Aber davon verrate ich den zweien lieber nichts.)
Dr. Blümchen nimmt einen Zungendrücker vom Tisch, Moritz soll die verbleibenden zählen. Er schaut mich an. Ich sage lieber nichts, denn meine Meinung ist sowieso nicht gefragt und reiche dem schwer rotzenden direkten Nachfahr meinerseits ein Kokett (Anmerkung der Autorin für Aldimuffel: Kokett = Tempo vom Aldi), sonst zückt Dr. B. noch die Busenserviette. Voll Mitgefühl wird ein Päuschen zum Schneuzen eingelegt. Die Geblümte rammt besorgt einen Zungendrükker in Moritz' Mäulchen: »Ach ja, sehr große Mandeln, aber nicht gerötet, sonst hätten wir gleich einschreiten müssen! Kein Zahnwechsel!« (Das lasten die mir auch noch an. Nicht einmal einen anständigen Zahnwechsel gönnt das böse blickende Muttermonster seinem Kind. Da erstarrt sogar der Milchzahn im Gebiß.)

Dr. Blümchen läßt Moritz längere Sätze auf halbrumänisch nachsagen von irgendwelchen Kuchen essenden Bären im Wald. Moritz bekommt es gut hin, nur den Dialekt verfehlt er.
Zum Schluß soll er noch sein Gemälde erläutern, er druckst etwas von Menschen ... weiter ... Himmel ... was noch? ... Baum ... rum, immer mich anschauend.

Ich bekomme wortlos einen Zettel zur Unterschrift gereicht mit »Kind ist schulfähig« angekreuzt. Als ich kühn frage – meine Chaostropfen tun immer noch ihre volle Wirkung –, ob der Zettel für mich sei, läuft sie recht rot an und zischt »NEIN«.

Der gestreifte Kompagnon drückt meinen zarten mißverstandenen Sohn liebevoll an die Brust: »Schau gar nicht hin, sie ist gar nicht so schlimm!« Meint die etwa mich? Ach, nein, zum Glück nur die Spritze. Dr. Blüm-

chen drückt ab. Moritz fand's, wie prophezeit, nicht so schlimm. Die Geblümte kann sich nicht verkneifen, mich nochmals anzubrummen, wie ich mein Kind verunsichern würde durch mein böses Dreinschauen. Ich erkläre ihr – die geballte Kraft der Tropfen ausschöpfend –: »Der braucht das!« Woraufhin sie mir grußlos ein Blatt über gesunde Pausenbrote und eines mit dem Thema »Gewalt ist keine Lösung« in die Hand drückt. Noch irgendwelche Fragen? Nein, alles klar!
Wir sind entlassen.

Für die Spritze muß ich noch ein Trostgeschenk von Lego springen lassen. Auf dem Heimweg erklärt mir Moritz, das mit dem Hörtest war toll. »Weil ich nichts gehört habe, habe ich immer, wenn die Frau auf den grünen Knopf gedrückt hat, gesagt, jetzt hör' ich ein Signal.« (Blöd ist er nicht.)

Am Nachmittag dieses denkwürdigen Tages, an dem meine Mut-ti-Karriere einen solch herben Rückschlag erlitten hat, murmele ich mutlos und höchst deprimiert vor mich hin: »Ich habe wohl total versagt, ich sollte mir den Strick nehmen.« Das hört komischerweise mein Moritz: »Wofür brauchst du einen Strick?«
»Ach, nur so zum Basteln!«

HOD –
Beschreiten Sie neue Wege

Sollten wir mitunter den Eindruck haben, übergroße Monotonie bestimme unser tägliches Leben, empfehle ich wärmstens folgenden kleinen Exkurs, um bewußtseinserweiternd endlich zu neuen Ufern aufzubrechen.

Auf dem Markt befinden sich viele nützliche Ratgeber zu fast allen Themen des täglichen Lebens, wie z. B.:

- Diskutieren ohne Worte
- Glücklich sein ohne Sinn und Verstand – praktische Hilfen
- Vom Feldschütz zum Feldstecher in vier Montagen
- Schnarchen ohne Reue – natürlich und wirksam
- Kollabieren ohne Wenn und Aber

bis hin zu solch heiklen Rechtsfragen wie

- Transpirieren im rechtsfreien Raum

und jetzt, ganz neu im Bücherregal:

- HOD – *H*andeln *o*hne *D*enken, denn auch Klein- und Großhirn brauchen mal Urlaub. Absolute Erfolgsgarantie! Leicht erlernbar. Es bedarf nur einiger weniger Voraussetzungen, um zu einem zufriedenstellenden Resultat zu kommen. Von Vorteil ist, wenn zermürbende Vorarbeit in den zurückliegenden Jahren geleistet wurde, in Form von z. B. Aufzucht zweier oder mehrerer Kleinkinder. In dieser Zeit mußte allerdings strikt darauf geachtet werden, daß möglichst wenig geistige Ablenkung oder gar Herausforderung stattfand, das erhöht die Chancen einer erfolgreichen HOD-Kursteilnahme nochmals um mindestens 38,2 %.

Achtung, nun wird's konkret – Punkt 1 bis 12 bitte unbedingt genaustens befolgen:

1. Man lasse sich möglichst zwei Weisheitszähne auf einmal entfernen (mindestens einen auf jeder Seite). Dem aufmerksamen Leser wird spätestens ab heute bei intensiver Lektüre der folgenden Seiten klar werden, wie diese Zähne zu »Weisheit« in ihrem Namen kamen. Man suche sich hierfür einen Zahnarzt ohne Nadel und Faden oder ohne irgendwelche Kenntnisse der Wundversorgung, so daß die verwaisten Zahnherbergen offen bleiben. Förderlich ist auch, wenn die auf der Abschußliste befindlichen Hackerchen heftige Gegenwehr leisten und möglichst in viele Einzelteile zerbrechen, so daß der Onkel Doktor seine detektivischen Fähigkeiten unter Beweis stellen kann. Schwitzend wird er dann sämtliche Werkzeuge, wie Hammer, Meißel in allen Größen, Bohrer, Dorn, Säge etc., die er alle einzeln verpackt aus hygienischen Wundertüten direkt vor unserem zitternden Auge befreit, zum Einsatz bringen. Es ist auch nichts dagegen einzuwenden, wenn eine Helferin hereinschneit und lässig fragt: »Herr Doktor, Ihre Frau ist am Telefon, soll sie später zurückrufen?« Aber nicht doch. Der Doktor entfleucht begeistert ans Hörrohr, was interessieren den beim Anruf der holden Gattin unser verklemmtes Würzelchen und unsere zitternden Knie. Selbst schuld.

2. Nach erfolgreicher Entfernung der beiden Störenfriede versuche man zu Hause anzurufen, um um Abholung per PKW zu bitten. Es sollte aber keiner abheben. Gut so, man hätte sowieso keinen Ton herausgebracht, außer einem unschönen Gelalle.

3. Man begebe sich in dem in der Zahnzahl reduzierten Zustand unters Volk und trete den Nachhauseweg zu Fuß an.

4. Es gieße in Strömen. Man habe keinen Regenschirm dabei, denn man ging von der irrigen Annahme Abholung mittels PKW aus (siehe Punkt 2).

5. Man komme schwitzend und schnaufend zu Hause an (unterwegs hatte man hoffentlich möglichst viele bekannte Gesichter getroffen, um mit seinem verquollenen Antlitz zur Erheiterung breiter Volksmassen beizutragen).

6. In diesem schon ziemlich kraftlosen, doch noch gut betäubten Zustand, trage man einen schweren Wäschekorb aus dem Keller ins 3. OG und hänge die Wäsche auf.

7. Nun kralle sich der eitle Mitmensch mit letzter Kraft zwei Kühlakkus aus dem Gefrierfach und drücke sie kräftig auf beide Backen, Entschuldigung, ich meine natürlich Wangen, zur Vermeidung von Schwellungen. Möchte-gern-Hamster können Punkt 7 problemlos überspringen.

8. Man entferne die Tamponaden, woraufhin alles prächtig blutet. Was wiederum unseren ältesten inzwischen nebst Papa eingetroffenen Sprößling schwer beeindruckt. (Und das soll was heißen.) Soweit alles klar?

9. Die Betäubung läßt nach, der giftige Geschmack bleibt. Wir schlucken schüchtern etwas Mineralwasser.

10. Spätestens am Ende des zweiten Tages bekommen wir Hunger. Überall ißt jemand, überall riecht es

nach Essen, der Bauch knurrt, die Hose schlottert im Takt mit den Knien. Wir versuchen, etwas Weiches zu uns zu nehmen. Es findet aber nur den Weg in die Wundkrater. Wir sind noch zu intelligenten Handlungen fähig und stellen wieder auf Mineralwasser um. (Dabei wird uns die Bedeutung der letzten Worte der fröhlichen Helferin klar, sie lauteten: »Was Sie essen können, werden Sie schon selber sehen.«)

11. Am Ende des dritten Tages werden wir kühn und setzen uns wild entschlossen vor einen Teller mit Grießbrei, obwohl uns nach Landjäger oder steinharter Pizza zumute ist. Wir betrachten genau Löffel und Grießbrei, und uns fällt wenig ein, wie wir diesen auf regulärem Weg durch unseren Schlund in den Magen befördern können. Haben wir erst eine Stunde damit zugebracht, die gelbliche Pampe in pillengroßen Stücken zu schlucken, sind wir unserem Ziel, dem HOD, schon erfreulich nahe gerückt.

12. Am Morgen des vierten Tages lassen wir uns zu einem Frauenfrühstück einladen und schauen begeistert zu, wie andere knusprige Brötchen zermalmen, und fragen uns: Wie machen die das? Wir beschränken uns auf den Verzehr von vier Tassen Kaffee.

Am Nachmittag des vierten Tages ist es endlich – fast – soweit, das HOD-Diplom ist in greifbare Nähe gerückt. Wir versuchen unserem Nachwuchs Linderung durch Belüftung der Rotznase mittels Nasenspray zu verschaffen. Trotz wildestem Drücken auf das Fläschchen entweicht kein Spray oder gelangt gar etwas ins verstopfte Nasenloch, obwohl das Fläschchen voll

ist. Nach fünfundzwanzig Fehlversuchen erkennen wir geistesgegenwärtig, daß wir vergessen haben, den Deckel abzunehmen. Jetzt kann nichts mehr schiefgehen. Das HOD-Diplom ist uns so gut wie sicher.
Wir befinden uns in der Schuhabteilung eines Kaufhauses, um die Wanderschuhe unseres Sohnes zu beanstanden, die sich nach nur zweimaligem Tragen vorschnell von ihrer Sohle verabschiedet hatten. Beim Verlassen der Schuhabteilung schauen wir an uns herunter: Was ziert unsere schwachen und kraftlosen Füßchen? Zwei völlig verschiedene Schuhe, ein schwarzer und ein weißer! So sind wir seit etwa zwei Stunden unterwegs, ohne zu ahnen, wie diese gemischte Ware an unsere Füße geraten konnte.

Herzlichen Glückwunsch! Ziel erreicht. Wir dürfen Sie als neuen und vielversprechenden HODler in unseren Reihen begrüßen und wünschen Ihnen viel Erfolg für die Zukunft.

Wenn Sie eine Antwort auf die Frage »Wie stellt man sich eine Traummutter vor?« hören möchten, können Sie die nächsten Seiten getrost beiseite legen. Interessiert Sie dagegen der Anfall eines frustrierten Hausmütterchens, dann lesen Sie ruhig weiter.

Wäre ich nur nie geboren! Warum mußte es bei diesen unendlich vielen möglichen Eizellen-Sperma-Kombinationen ausgerechnet mich hervorbringen? Warum konnte ich nicht wenigstens als Regenbogenforelle das Licht der Welt erblicken und fröhlich mit einem stummen Kumpel Seite an Seite in einer Zweierpackung in einer lauschigen Tiefkühltruhe mein Dasein fristen? Dabei hätte ich auch noch eine *gelungene* menschliche Eizellen-Sperma-Kombination vor die alles entscheidende Frage stellen können: Müllerin? Mandelkleid? Oder blau? Mein Leben hätte einen Sinn gehabt, und ich könnte nebenbei noch eiweißreich Gutes tun. Warum, warum ...? Fragen über Fragen.

Woher dieser Mißmut? Heute überdenke ich meinen Tagesablauf, mein Leben, mein Dasein an sich und im besonderen und sehe im Spiegel ein verhärmtes, bleiches Wrack, mit Schaum um die Mundpartie, tiefen Furchen über der Nasenwurzel, diabolischen Zuckungen um die Augen, fleckigem, schuppendem Ausschlag auf der Stirn (als Forelle stünden mir die Schuppen eindeutig besser, ich sag's ja, das Forellendasein hat seine Vorteile), mit Loch in der Jeans am Knie (kommt vom vielen auf dem Boden Rumkriechen, die Hauptbeschäftigung einer guten, dienenden, deutschen Hausfrau. Ich persönlich wollte dem Schöpfer schon lange den Vorschlag einer kleinen genetischen Änderung machen: Die gemeine Hausfrauenmutter sollte den aufrechten Gang gar nicht erst erlernen, sondern sich auf allen vieren fortbewegen, das schont die Bandscheiben und vermeidet häufiges Bücken beim Wegräumen von Spielzeug, Wäschestücken und dergleichen.)

Bösartige Gedanken rasen durch meine verkümmerten Gehirnzellbahnen, Destruktives macht sich breit, Negativ-Denken auf allen Kanälen.

Ich komme zumindest zu der Erkenntnis, was ich *nicht* will, wenn ich den heutigen Tag überdenke:

- Ich will nicht kurz nach dem Aufstehen über den Hüpfball meiner lieblichen Kinderchen fallen und mir dabei einen fetten Bluterguß am Oberschenkel zuziehen.
- Ich will nicht beim Frühstück das blöde Geschrei hören: »Nimm den Fuß von meinem Stuhl!«, »Aua, der hat mich!«, »Blöder Moritz!«, »Kackschwester, ich bin nicht mehr dein Bruder!«, »Der Kaba ist zu heiß!«, »Der Kaba ist zu kalt!« (Daraufhin ist der Kaba beleidigt und fällt ohnmächtig vom Tisch. Das wiederum bringt erneut Stimmung in die Bude. 250 ml Kaba auf hellem Teppichboden, das bringt's).
- Ich will nicht fünfunddreißigmal ungehört meinen Appell, endlich den Schlafanzug zu verlassen, an Taube richten (gefolgt von wiederholten Ermahnungen, das Nachtpipi doch umgehend in der Kloschüssel abzulassen, da überlanges inblasiges Aufbewahren des gelben Safts Nierchen und Blase in Mitleidenschaft zieht).
- Ich will nicht zehn Minuten vor Schulbeginn – (Streß! Moritz sollte längst auf den Schulweg geschickt sein, aber plötzlich hat er wahnsinnig Durst, der Schal ist fort, er findet seine Armbanduhr nicht ... huääääh ... der Turnbeutel hat sich versteckt, die Schuhbändel sind unentwirrbar zigfach verknotet) – von einer mehrere Häuser entfernt wohnenden Nachbarin aufgefordert werden, ihr doch umgehend Strom für einen Handwerker in ihre neben unserem Haus befindliche Garage zu schicken. Dies erfordert spontane Denkvorgänge, zu denen ich noch gar nicht – oder nicht mehr? – in der Lage bin. Wie kann ich eine schwere Kabeltrommel (wo ist die

überhaupt?) von einem sieben Meter hohen Balkon herablassen, ohne daß sie
a) zerschellt bzw.
b) die unten stehende Nachbarin oder
c) den Handwerker erschlägt
und dabei noch den Kabelstecker zwecks Stromanschluß oben behalten, ohne zu erfrieren (bei minus 5 Grad in dünnen Socken), und gleichzeitig meinen bockigen Erstkläßler aus dem Haus treiben? Daß bei dieser Aktion stundenlang die Balkontür offenstehen muß, meine Zimmerpflanzen Frostbeulen ansetzen und meine Stromrechnung in die Höhe schnellt, will ich eigentlich auch nicht.

- Ich will nicht anschließend in den Kindergarten rasen, um noch pünktlich einen Banktermin wahrnehmen zu können.

- Ich will nicht stundenlang die Zutaten einer gesunden Kartoffelsuppe schnippeln, die meine Kinder vorwurfsvoll blickend in sich reinlöffeln und als »Entschädigung« einen dicken Nachtisch von mir fordern.

- Ich will nicht täglich staubsaugen, Waschbecken putzen, Spiegel von klebrigen Kinderfingerabdrükken befreien, in Quadratmillimeter Größe zerschnittene Papierservietten entsorgen, bösartige Flecken mit Gallseife berubbeln und zum 347 639sten Mal den Küchenboden putzen.

- Ich will nicht, daß um 11.00 Uhr ein Nachbarjunge bei mir Einlaß begehrt, weil seine Mama nicht zu Hause ist (hat die's gut) und er vergessen hat, in die Kernzeitbetreuung nach der Schule zu gehen.

- Ich will auch nicht zwei fremde Kinder zum Mittagessen dahaben (nach dem Motto: »Du bist doch sowieso zu Hause, kannst du mal meine Kinderchen ...«).

- Ich will nicht, daß nun vier Kinder um mich herumstreiten und kreischen und dabei den gesamten Puppenkram im Eßzimmer ausbreiten (Begründung: »Im Kinderzimmer ist kein Platz mehr.« Kein Wunder, wie's da aussieht!), während ich die soeben zum Opfer gefallene Papierritterburg klebe und somit nicht an allen Fronten gleichzeitig einsatzbereit bin.

- Ich will nicht, daß überall Kekskrümel rumliegen (da – siehe oben – ich bereits gesaugt habe, und hier versteht die kleinliche Hausfrau keinen Spaß, eine Stunde könnte der krümellose Zustand wenigstens anhalten).

- Ich will nicht, daß die zwei Großen im »Bubenzimmer« dauernd lautstark »Arsch, Scheiße, Kacke« auf Tonband aufnehmen, aber genauso wenig will ich aus dem »Mädchenzimmer« zum neunundsechzigstenmal die Kassette »Papi, wach auf!« hören, noch will ich mit ihnen puzzeln, Lottino spielen oder meine gesamten geheimen Schokoladevorräte zu Streitschlichtungszwecken einsetzen.

- Ich will weder 30 m Klopapier aus dem altersschwachen und daher eh schon verstopfungsanfälligen Klo fischen, noch will ich irgendwelche Hintern putzen.

- Ich will keine zermatschte, altersschwache Bananenschale in Lisas Kindergartentasche vorfinden, nur weil sie nicht weiß, wo im Kindergarten der Mülleimer steht.

- Ich will niemandem beim Hausaufgabenmachen zusehen (das Rechnen im Zahlenraum von 0 bis 10 ist mir bereits hinlänglich bekannt).

- Ich will keine Brote schmieren und will keine Zähne putzen und dabei alle Zahnfresser namentlich begrüßen, das Ganze in Liedform, wenn's geht.

- Ich will nicht, daß einer lacht, wenn ich schimpfe.

- Ich will nicht, daß einer am Tisch wackelt, wenn ich mir die Nägel lackiere.

- Ich will keine Gute-Nacht-Geschichten lesen, noch irgendwelche Lieder zum Einschlafen trällern.

- Ich will nachts niemanden husten hören.

- *ICH WILL AUF EINE EINSAME INSEL!*

- Jetzt hab ich's: Ich posaune es jeder Müllerstochter, Möchtegern-Königin und sonstigen Mitmenschen lauthals ins Gesicht: »Ach, wie gut, daß jeder weiß, daß ich RUMPELSTILZCHEN heiß«, und dann zerreißt's mich. (Wenigstens für heute, und vielleicht WILL ich dann morgen wieder.)

Chronologie eines Ehrentages: Mutter A. hat Geburtstag

Auch ein noch so harmloses Mütterlein wird nicht vom Zahn der Zeit verschont und kommt in die Jahre, was natürlich mit einem entsprechenden Festprogramm gebührend gewürdigt werden sollte.

- 5 Uhr 15: Vater Ottrich weckt im Ehebettgräbchen schlafende Lisa lautstark und äußerst vehement zwecks Geheimnis (das arme Kind soll noch schnell ein Bild zum Jubeltag seiner Mama malen).
- Mutter A. ist körperlich am Tiefpunkt angelangt (hatte sie doch die halbe Nacht wach gelegen oder geträumt, alle Bäcker hätten geschlossen, es wären nirgendswo Brötchen aufzutreiben für ihre zehn Mutterfreundinnengeburtstagsgäste, die um 10 Uhr einlaufen werden). Traum alpt munter weiter: Mutter A. findet nicht mehr nach Hause und irrt ziellos durch die Gegend bis zum jähen Ende der Wanderschaft um 5 Uhr 15 – Grund siehe oben.
- 6 Uhr 15: Vater Ottrich, Lisa und Moritz stehen gesammelt und erwartungsvoll vor meinem Bett und wollen mich endgültig in der Senkrechten sehen.
- Auf dem Gabentisch macht sich komischerweise die Tageszeitung äußerst breit. Ich stände drin! Ich? In der Zeitung? Wilde Gedanken schießen mir durch den Kopf: Etwa im Wirtschaftsteil zum Thema: »Hausfrau in Deutschland, nie war sie so wertlos wie heute?« oder »Aus aller Welt«: »Hysterische Mutter aus dem Schwäbischen tyrannisiert Kleinfamilie«

oder im Lokalteil? Hat der Bezirksvorsteher mich etwa zum Spülhändchen des Stadtteils gekürt und will mir heute feierlich den goldenen Gummihandschuh verleihen? Nein, oder etwa auf der Sportseite als »Bandscheibe der Saison«? Nach mehrmaligem Stutzen fallen mir nur die *Familienanzeigen* ein, Trauerfälle und sonstiger Frohsinn. Und da steht es tatsächlich direkt unter der fettesten Todesanzeige des Walter B., zu dem Gevatter Tod auf leisen Sohlen im zarten Alter von 97 Jahren geschlichen kam, und neben dem Angebot eines reibungslosen Badewannenaustauschs durch erfahrene Wannenchirurgen:

Heute nun, da ist es wahr
unsere MUTTI zählt 37 Jahr
Sie ist sooo lieb
und auch sooo schön
da müssen noch mal
100 Jahr vergehn!
In dickster Liebe
Ottrich, Mori, Lisi.

- Vater Ottrich erbleicht, ihn trifft der Schlag angesichts der »Mutti« schwarz auf weiß. Hatte er doch den Schalken von der Zeitung »Netti« statt der altbackenen »Mutti« in die Feder diktiert. So eine Unverschämtheit! (Das entsetzt sogar die zuständige Zeitungstante, und sie bringt die berichtigte Variante reumütig am nächsten Tag nochmals.)
- Päckchen und Geschenke werden bewundert: Von der Janoschbürste bis zum Holzziegenbock, Düfte, Cremes, Geldpräsente (vom lieben Mütterlein), Bücher, Blumen, PUR-Konzertkarten, Kleid, Body, liebe geschriebene Worte. Alles rundum schön. Riesenfreude für die betagte »Mutti«. Besonders rührend auch das Gemälde meines – zum Ehrentag

seiner ältlichen nahen Verwandten geläuterten – siebenjährigen Erstgeborenen versehen mit Handgeschriebenem: »Vür meine GeliBte Mami zum 37. GeburztaG von Moritz«. Auf dem Bild kann man Wünsche lesen, wie: »Liebe Kinder unt Einen Brafen Mann« (mit Zeichnung der vier Familienmitglieder: Mama und Moritz groß, Lisa und Papa klein mit je einer Eistüte in der Hand). Dazu der gute Wunsch: »Eis vom Konditor«. Es folgen Abbildungen von Dartscheiben mit Pfeilen in Volltrefferposition, dem lieben Gott mit erhobener Hand und die Darstellung eines voll besetzten Vogelnests mit in die Höhe schnellendem einzelnen Nestflüchter, Flugbahn mit Pfeil markiert (oje, was soll das nur bedeuten? Zum Glück hat's der Kinderpsychologe nicht gesehen.) Es folgt: »Glük GesuNdHeid« und »Gute SchildDrüse Vür die Oma«. Dazu viele Herzen und Blumenverzierungen. Bildschön! Das Mutterherz zerschmilzt wie das Wunscheis auf einer heißen Kochplatte. Aber halt, apropos Kochplatte, es wird höchste Zeit für Hausfrauliches: Der verkrümelte Tischdeckenschoner wird gnadenlos entrissen – Hektik ist angesagt: Geburtstagstafel decken, also alle Geschirr-, Besteck-, und Sektgläservorräte werden aktiviert und entstaubt, Käse- und Buttermesser aus der Versenkung gezaubert. Der Balkontisch gereinigt und zum Beistelltisch ernannt, Kinderstühle entfernt, der Tisch verlängert, Menschenstühle herbeigeschleppt, Tischdecken aneinandergestückelt, Servietten gefaltet, Geschirr verteilt.

- Vater Ottrich besorgt freundlicherweise Unmengen von Brötchen (problemlos) und verfrachtet Lisalein in den Kindi.
- Anschließend wird Morilein auf den Schulweg gelenkt, und nun endlich ist freie Bahn, im Turbogang kann durchgestartet werden. Geburtstagsmutti

wirft sich mit jugendlichem Elan in die Endproduktion von Salaten, erstellt Käse-, Wurstplatten und bestäubt Tiramisu, bahrt Käsekuchen und sonstiges Backwerk nebst Getränken auf dem stolzen Beistelltisch auf, füllt Milchkännchen ein und Marmeladegläser um, entschweint den Zuckerdosendekkel und und ... Das alles unterbrochen von etlichen lieblichen Telefonanrufen von der gratulierenden Schwiemu und anderen Grausamkeiten bis hin zu Kandidaten, die sich nur einmal im Jahr melden, sich aber als äußerst redselig erweisen (sie müssen ja auch nicht zu einer Geburtstagsfeier oder gar selbige vorbereiten und haben daher genügend Zeit für ein ausführliches Pläuschchen). Weiter geht's: Salate aus den ungeliebten Tupperschüsseln befreien und in edlere Glas- und Porzellangefäße umfüllen (denn merke: Kultur im Heim, das muß sein), Garnierung der Plättchen mit jahreszeitlich unpassenden, dadurch den Geldbeutel strapazierenden Weintrauben und Angebotskiwis. Erdbeerquarkumfüllung, Kaffeekochen im Akkord. Japs. Das hält fit.

- 9 Uhr 45 – oh Schreck, es läutet, schnell mit der Schürze die schweißnasse Stirn getüpfelt und dann mitsamt der Aldi-Birkenstockverschnittlatsche ins Eck geschleudert, Festwams übergestülpt und die ansonsten verschmähte Goldsandale ans Gebein geschnallt, einmal überdieseln aus den neuen Beständen, Haustüröffner gedrückt, ein fröhliches, total relaxtes »Hallo« durch den Hausflur geröchelt ... doch außer heftigem Briefkastengeklapper und einer ins Schloß knallenden fremden Wohnungstür – nichts. Also blinder Alarm! Weiter im Text, keine Müdigkeit, denn heute wird gefeiert ...
- 10 Uhr: es läutet, diesmal klappt's, es geht Schlag auf Schlag, und alle Stühle sind besetzt; es kann fröhlich gespachtelt, gelacht und geschwätzt werden.

- 12 Uhr 10: Der erst für 13 Uhr erwartete Sohn Moritz steht vor der Tür und begehrt Einlaß (hitzefrei!) und läutet damit das Ende der kinderlosen Mütterparty ein.
- Hopp, hopp, ihr lieben Reste, ab ins trübe Tupperdosendasein; schnell noch die Spülmaschine gefüllt und ihr ein langes Leben gewünscht.
- 13 Uhr: Lisa muß vom Kindi abgeholt werden. Diese ist schlapp, sie will sich nicht einmal verstecken, sondern sofort in ihr Bett. Das gab's noch nie! Sie seien beim Biotop gewesen bei den Krokodilen. (Das arme Kind phantasiert schon im Delirium! Aber bei genauerem Nachfragen handelte es sich bei den Tieren mit K zum Glück nur um glitschige Froschvorstufen mit K.) Lisa bekommt hohes Fieber. Also Kinderarzt benachrichtigen. Wir sollen gleich kommen. Ausgerechnet heute steht uns kein Auto zur Verfügung. Was tun? Ausgedienten Buggy flottmachen und Straßenbahn ansteuern. Auf unserem Endspurt zum Arzt flitzen wir an einem Schuhgeschäft vorbei, aber halt, lang gesuchte hohe Stoffturnschuhe für Mutti A. räkeln sich da gelangweilt im Wühlkorb zum Supersonderpreis. Die müssen unbedingt noch schnell erworben werden. Also Größe 38 und 39 geschnappt, ins Geschäft gestürmt, nach einer Probiersocke gefragt und dieses ekelige, gebrauchte, dackelbraune Plastikteil übergestülpt. Würg, würg – wer kotzt denn da so fröhlich? Das war unser Lisalein. Zum Glück geht das meiste in ihren Trinkbecher – wie appetitlich – und auf ihre Klamotten. Es tröpfelt nur relativ wenig auf den edlen Schuhgeschäfts-Teppichboden. Peinlich! Kotzende Kunden, die sich nur für Sonderangebote interessieren, sind bestimmt der Stolz eines jeden Ladenbesitzers. Ich mache auf bemitleidenswerte, verhärmte Streßmutti und bekomme sogar noch Luftballons

und Comics für die armen Kleinen eingepackt (nachdem ich erwähnt hatte, daß ich von außerhalb sei und nur äußerst selten in diese Gegend komme).

- Streng riechend treffen wir endlich beim Kinderarzt ein. Ärmliches Lisalein darf ausnahmsweise im Verbandsraum abgestellt werden und muß nicht ins überfüllte Wartezimmer. Wir erhalten einen Geburtstagsbonus von zwei Stunden und müssen nur eine dreiviertel Stunde warten. Lisalein darf zwischen Sonnenstich und Virusinfekt wählen und bekommt vor Ort ein paar Zäpfchen plaziert. Und ab geht's im Sauseschritt Richtung Straßenbahn. Mittlerweile ist Berufsverkehrszeit, kein Reinkommen in die Bahn, schon gar nicht mit sperrigem Buggy. Also warten!
- Endlich daheim: Ruckzuck in die Turnklamotten gestürzt und auf geht's zum fröhlichen Bandscheibensport, den man nicht versäumen darf.
- Wieder daheim: ab in die Goldsandale, Tupper gegen Glas und Chrom getauscht, Käse, Wurst auf Platte, Deko drauf, Baguette geschnitten, Tisch gedeckt … (alles geht recht flockig, zum Glück haben wir heute schon mal geübt). Es klingelt, Besuch empfangen, essen, lachen, Fieberkind die Stirn fühlen, Geschenke bewundern … Prosit! Verabschieden, winken, Tisch verkleinern, Spülmaschine starten. Scheintot reiße ich das letzte Geschenk aus der Verpackung: ein Buch – wie schön – mit dem Titel: »Kein Abend mehr zu zweit, Familienstand Witwe«. Ich glaube, die haben beim letzten Wort hinten ein »r« vergessen.

Musikschule

Es gibt gewisse Dinge im Leben, die *muß* man heutzutage seinen Kindern einfach bieten, will man gesellschaftlich einigermaßen mithalten können. Wie z. B. der Besuch einer Musikschule, der gehört einfach zum guten Ton, auch wenn man selbst von diesen – Tönen – nichts versteht. Vielleicht ziehe ich gerade einen verkappten Helmut Zacharias heran, der mir munter fiedelnd das große Geld ins Haus bringen könnte, und ich weiß von nichts.

Mittlerweile hat Moritz allerdings seine Karriere auf dem Gebiet der *musikalischen Früherziehung* jäh beendet, indem er mit sechs Jahren die Kündigung aussprach, um sich intensiver der Fußballspielerei zu widmen. Ich mutmaße, diese Institution wird sich bestimmt nie rühmen, einst meinen Moritz – für teuer Geld – knapp zwei Jahre lang einmal wöchentlich beherbergt zu haben.

Das Musikschulenvolk ist, glaube ich, ein ganz besonderes Völkchen, wenn nicht gar eine eingeschworene Gemeinschaft. Und dann ich, absolut unmusikalisch, das Quälen einer Blockflöte oder eines Klaviers blieb mir und meinen Mitmenschen zum Glück zeitlebens erspart. Auch gelang es mir durch geschicktes Umziehen zwischen den Bundesländern Bayern und Baden-Württemberg in meiner Schulzeit das Erlernen von Noten zu umgehen.

Sobald ich in die Nähe der Musikschule gerate, fällt alles Weltmännische von mir ab, und ich verwandele mich zum unbedarften Dorftrampel. Peinlich berührt werde ich von der mausgrauen ungeschminkten Musikschullehrerin daran erinnert, daß wir uns mit der Bezahlung der Unterrichtsgebühren drei Monate im Rückstand befinden. Prompt habe ich keine müde Mark dabei, wenn es darum geht, das neue Musikschulheft zu bezahlen. Schüler Mori erscheint mit Loch in Hose und Laufsocke oder gänzlich verdreckt, weil wir gerade so schön im Wald gespielt haben, als uns siedendheiß einfiel, it's Musikschul-Time! Bereits beim Betreten der Anstalt werde ich jedesmal fast vom Koma übermannt, so übel schweißige Ausdünstungen strömen uns entgegen.

Auch an die jährlich wiederkehrenden Vorspielnachmittage in einem Landhotel im Nachbarort – die Eltern sollen ja wissen für was sie das viele Geld bezahlt haben – habe ich keine besonders glücklichen Erinnerungen: Zuerst einmal muß der Ort des Geschehens gefunden werden, dann fällt Lisa auf dem Parkplatz aus dem Auto und landet mit ihrem blütenweißen Outfit einer Musikschülerschwester brustvoran in einer Pfütze. Bei der Aufführung, bei der ihr Bruder unter tosendem Applaus der gerührten Eltern und Großeltern mit seinen rausgeputzten Kollegen nach mehrmaliger Aufforderung einmal schüchtern auf eine Triangel klöpfelt, fragt sie ununterbrochen panisch, wann endlich das Licht angehe, es sei ihr zu dunkel, außerdem wolle sie heim. Auch kann ich dem gequälten Aufschrei einer Geige, hervorgerufen durch die Bearbeitung seitens einer Grundschulgestalt im Kelly-Look, nichts Rührseliges abgewinnen, noch versetzt mich ein schlipstragender Knabe nebst Posaune in Ekstase. Auch für den Vortrag zweier klavierspielender

Schwestern im Partnerlook quetscht sich mir keine Träne ab. Ich sagte es ja bereits, mir fehlt der Sachverstand.

Auf jeden Fall wird die Musikschule eines der wenigen ungelösten Rätsel meines Mutterdaseins bleiben. Nach jeder Unterrichtsstunde fragte ich meinen sonst so redseligen Sohn: »Wie war's?« »Schön.« »Was habt ihr eigentlich gemacht?« »Das erzähle ich dir ein andermal.« Ich habe es bis heute nicht erfahren.

Glaubte ich einst, Frühling, Sommer, Herbst und Winter bestimmen den Lauf der Dinge, so wurde ich bald von meinen Kinderchen eines Besseren belehrt: In Wirklichkeit sind es Großereignisse mit *Raffcharakter.* Wir hangeln uns von Geburtstag über Ostern und Nikolaus zu Weihnachten, denn hier winkt die fetteste Beute in Form von üppigen Geschenken. Ich kann nur empfehlen, sich schon bald gute Argumente einfallen zu lassen, warum der Pfingstochs, der knickrige Hund, obwohl doch viel größer und stärker als der Osterhase, nichts springen läßt.

Vorweihnachtsfreuden ... beginnen spätestens Anfang September, wenn wir – gerade der Hitze des Sommerurlaubs entronnen – in sämtlichen Geschäften Stolle,

Lebkuchen, Nikoläuse und schokoladegefüllte Adventskalender vorfinden. Unser Entschluß, diese Genüsse zu ignorieren, hält genau eine Woche, und beim ersten spätsommerlichen Kälteeinbruch schlagen wir gnadenlos zu. Wir entschuldigen unser Tun und die damit verbundene offensichtliche Charakterschwäche vor uns selbst mit »Wir wollten ja nur mal testen, ob die Weihnachtsbackwaren auch dieses Jahr das Werk in einwandfreiem Zustand verlassen haben« und verspeisen sie – natürlich nur ganz verschämt im geheimen – fern unserer Kinderlein. Nach außen hin verkörpern wir inbrünstig den pädagogisch einwandfreien Grundsatz vom *weihnachtskramfreien* Spätsommer und Herbst und würden uns spontan auch jedem Boykottaufruf anschließen.

Beim Anblick des ersten Schokoladennikolaus im Regal zückt Lisalein zeitgleich ihre Lieblingskassette von Benjamin Blümchen, der elefantös Weihnachten feiert, und singt dazu nonstop »Schingel beels«.

Auch das traditionelle Basteltreffen im Kindergarten sorgt alle Jahre wieder für Stimmung. Hierbei handelt es sich um ein abendliches geselliges Zusammensein von Profibastelmüttern und vereinzelten Exotenpapas bei handgesägtem Gebäck (Versucherle) und Kerzenschein. Sinn und Zweck dieser Übung ist – für Bastellaien wie mich unter verschärften Akkordbedingungen und mit streßbedingt verkrampfter Preßatmung –, was allerliebst Handgemachtes für die lieben Kleinen zu produzieren.
Zur Auswahl stehen in diesem Jahr eine Schneemannidylle am ummantelten Holzkleiderbügel oder ein Adventskalender in Form von vierundzwanzig Papphäusern (jedes in der Größe eines mittleren Schuhkartons). Moritz hatte sich kompromißlos für die Häuser entschieden. Mein erster Gedanke ist *anbauen*: Wo

sollten sonst vierundzwanzig Pappeigenheime mit üppig Wattebergen auf dem Dach Platz finden! Vor allem besitzen wir bereits mindestens vier Adventskalender, und darüber hinaus hatte ich für dieses Jahr insgeheim beschlossen, unsere Wohnung zur adventskalenderfreien Zone zu erklären, da Süßes schlecht für Gebiß und Figur und mir vierundzwanzig Geschenke mal zwei Kinder als zu teuer erscheinen. Also stehen wir weiterhin vor dem Problem des Sinns und Zwecks der Papphäuser, die es erst mal zu *erbasteln* gilt.
Bastelabend: In Zusammenarbeit mit Mutter R. (die bereits acht Adventskalender ihr eigen nennt und sich mir daher freiwillig als unentgeltliche Bastelhilfe zur Verfügung stellt) gelingt es mir, in beeindruckender Rekordzeit vier Häuser zustande zu bringen. Zwar handelt es sich dabei eher um sozialen Wohnungsbau: nicht einmal Schornsteine gönnen wir unseren fensterlosen und türlosen Sparmodellen, doch Lisa und Moritz sind begeistert. Vorab werden sie als Trapperhäuser für Playmobilaufbauten zweckentfremdet, an Heiligabend erhalten sie einen Ehrenplatz als Raststätten auf dem Weg zur Krippe.

Jedes Jahr mißlingt mir der Versuch, die Weihnachtsplätzchen in nächtlichen Geheimaktionen zu backen, denn irgendwann kommt der Zeitpunkt, da fordern die lieben Kinderchen ihr *Backrecht*. Und versprochen ist versprochen, *ein* Backnachmittag ist für sie reserviert. Backen mit den lieben Kleinen ist für mich gleichbedeutend mit einer schweren Lebenskrise, bei der die Küche anschließend zum Katastrophengebiet erklärt werden muß. (Hilfe! Wo bleibt das Technische Hilfswerk?) Küchenschränke sind bis zur Unkenntlichkeit verkleistert. Der Küchenboden wird zur bemehlten Schlittschuhbahn. Teigspuren ziehen sich durch die ganze Wohnung. Hausschuhe erfreuen sich einer

neuen hochwertigen Knetteigsohle. Und als Resultat des ganzen Aufstands klumpen sich unappetitliche Häuflein auf meinem Backblech. Ich kann daran einfach nichts Herziges finden und bilde mit dieser Einstellung eine unrühmliche Ausnahme im Kreise der mild gestimmten Vorweihnachtsmütter.
Moritz setzt sich vorzeitig mit einem Freund ab, nachdem er ausgiebig mit Teig, bunten Streuseln, Rosinen, Hagelzucker und Mandeln hantiert hat. Er kann wohl das Gejammer seiner vorweihnachtlich genervten Mutter nicht mehr ertragen. Irgendwann wird es sogar Lisa zu viel: »Du Mama, ich muß unbedingt Luft schnappen.« Als ich nicht reagiere: »Du Mama, weißt du nicht, was Luftschnappen heißt? Ich muß jetzt endlich raus. In der Wohnung sitzen ist ungesund!« Hoffentlich erinnern sie sich auch nächstes Jahr noch an ihre Worte, dann kann ich diesen Programmpunkt getrost streichen.

Irgendwann kurz vor dem 1. 12. meldet sich das schlechte Gewissen, nicht etwa, weil der Weichspüler vergessen wurde, sondern weil wir uns besinnen: »Du sollst nicht brechen!« (... mit alten Traditionen) »Die armen Kinderchen brauchen doch einen Adventskalender!« Also ab in den Keller, aus der Advents-/Weihnachtskiste zwei Vorjahresmodelle hervorgekramt, mit Geschenkchen bestückt, aber für jeden ja das gleiche, sonst gibt's unchristlichen, geschwisterlichen Adventszoff.

Auch der Gang aufs Postamt gehört zu jedem guten Vorweihnachtsprogramm: An allen Schaltern bilden sich lange Schlangen, jeder will noch schnell auf den letzten Drücker seine Gaben oder Handgeschriebenes zum Fest loswerden. Lisa (2 ¾ Jahre) spielt mit den angebundenen Postkulis. Herumstehende Omas loben ein Kleinkind, das brav auf der Bank sitzt. Mutter A. steht nervös inmitten einer langen Schlange und hat Lisa nur noch ausschnittsweise im Blick. (Ach ja, die gelben Gummistiefel sind noch da, da wird der Rest nicht fehlen. Da lugt ihre rote Mütze hervor, nichts Verdächtiges ist festzustellen.) Endlich erhalte ich die heiß begehrte Briefmarkenware für so sinnige Mitteilungen wie *»Frohe Weihnachten und ein glückliches neues Jahr«* in sämtlichen Variationen. Stolz will ich mich mit meiner grünen Sonderbriefmarkenbeute und meiner Lisa entfernen. Doch oje, Lisa verteidigt vehement die Postkulis vor dem fremden kleinen Kind. Und was tut sie, sie gibt dem Fremdling einen Schupser, und der fällt sogleich auf den Po, dann auf den Rücken, wo er wie ein abgestürzter Maikäfer liegenbleibt. Was tun? Lisa schimpfen und mit einer Hand an der Flucht hindern, mit der anderen Hand dem Käfer auf die Beine helfen. (Dabei muß ich auch noch meine Briefmarken umklammern.) Das Opfer ist aber von der plumpen Sorte, gewichtsmäßig mehr Bleiente als Käfer, und läßt sich nicht so einfach hochwuchten. Dummerweise ging bei der Aktion auch noch seine Mütze verloren. Da sehe ich schon den geballten Volkszorn auf mich gerichtet: Alle Omas im Umkreis blicken mich – die üble Kinderschupsermutter – vorwurfsvoll an: »Die da, die macht das schon die ganze Zeit, das böse Kind, dauernd quält sie …« Ach nein, auch das noch, muß ich mich jetzt sogar zu dieser heiligen Jahreszeit für die *Schandtaten* meiner Kinderchen rechtfertigen? Von mir kann sie das sowieso nicht haben, ich war immer sehr zart als Kind. Ich beschließe, nein, dazu habe ich jetzt keine Zeit, und lasse den bleiernen Plumpsi einfach liegen. Er beschwert sich eh nicht, und für große Worte habe ich keine Lust, das Urteil ist sowieso gefällt, also kann ich mich auch artgerecht verhalten. Zu Hause befrage ich Lisa ob ihres ungebührlichen Benehmens, und sie gelobt Besserung, das ist doch die Hauptsache.

Einen vorweihnachtlichen Extraprogrammpunkt stellt ein zu organisierender und durchzuführender Kindergeburtstag zwischen dem dritten und vierten Advent dar (selbst schuld, was kann das arme Kind für die schlechte Planung seiner Eltern?)

Zu den kognitiven Höchstleistungen des gesamten Jahres gehört für mich das Gebären von Geschenkideen. Ich bewundere Mitmenschen aus vollem (und beneide sie aus tiefstem) Herzen, die bereits im Juni verkünden, sie hätten alle diesjährigen Weihnachtsgeschenke bereits zusammen. Ich neige leider eher zu Panikkäufen kurz vor dem Fest. Jeder soll sinnvoll bedacht werden, vom Hausmeister, der Lehrerin, den Erzieherinnen, dem Fußballtrainer, der Vorschulturnlehrerin bis hin zu Patenkindern, Oma, Opa, Tanten, Onkeln, Freundinnen, Freunden ... Die Konjunktur wird belebt, der Geldbeutel entleert, jedes Jahr aufs neue. Aber nächstes (oder spätestens übernächstes) Jahr ist mit der Schenkerei ganz bestimmt Schluß, da werden nur noch die Kleinen beschenkt, oder höchstens eine gaaaanze Kleinigkeit für die Großen! Was schenken wir den eigenen Kinderlein? Die Kinderzimmer sind sowieso überfüllt, und der Reiz des Neuen hält meist nicht länger als einen Tag. Der heißersehnte *Game Boy* wird als ebenso pädagogisch ungünstig eingestuft wie die lebensgroße *Barbie* und stehen damit jedes Jahr wieder unerfüllt auf dem Wunschzettel.

Nicht weniger als der Erwerb von Geschenken setzt die Versorgung mit *Futter* für die Weihnachtsfeiertage gewisse strategische Fähigkeiten voraus, und was da alles benötigt wird: vom Baguette bis zum Huhn, von der Dekotraube bis zu Fonduezutaten, von der Knoblauchkrabbe bis zur Zitrone für den Lachs, vom Frühstücksbrötchen bis zur Raclettekartoffel und und und ... nichts darf vergessen werden ... seitenweise werden Menüpläne und Einkaufslisten erstellt ... Einsatzpläne geschrieben ... Krisensitzungen einberufen ... wie die generalstabsmäßige Vorbereitung auf eine vierwöchige Hungersnot. Doch als ich die reizende Käsefachverkäuferin fröhlich bitte, mir 500 g Lindenberger Käse in *dünne* Scheiben zu schneiden, hätte das fast mein jähes Ende bedeutet. Konnten ihre Blicke schon nicht töten, so hätte die gute Frau sichtlich gerne das Käsebeil in meine Richtung zweckentfremdet oder mir gar mit einem Zweizentnerkäseblock ein Leid zugefügt. Wohl nur ihre gute Kinderstube konnte Schlimmeres verhindern. Und so schnitt sie mir mit geschwollener Halsschlagader und gefährlich pochender Schläfe, dumpfe Verwünschungen vor sich hin murmelnd, den Käse in dermaßen dünne Fitzel, daß sie sich überhaupt nicht mehr voneinander trennen ließen. Ich habe die gute Frau in mein Weihnachtsgebet eingeschlossen und war ihr dankbar, es überhaupt noch erleben zu dürfen.

Zu jeder guten Adventszeit gehören Nikolaus- und Weihnachtsfeiern, da läßt sich kein Anlaß lumpen, alles läßt sich weihnachtlich befeiern: die Bandscheibengymnastik, Kinderturnen, Fußball, Krabbelgruppe, Spielgruppe, Musikschule, Kindergarten, die Arbeitsstelle etc. Da bleibt auch an keinem Adventssonntag Zeit zum geruhsamen Plätzchenessen und Adventskranzilluminieren zu Hause.

Ein Beispiel für einen ganz besonders gemütlichen Adventssonntagnachmittag bei Freunden (sie haben ebenfalls zwei Kinderchen): Wir kommen acht Minuten zu spät. Gastgebervater Holger nutzt diese Zeit zur familieninternen Rüge – hat er doch bei seinem Kontrollgang Staub unter dem Ehebett entdeckt und ein ungeputztes Kinderzimmerfenster. Die Stimmung bei unserem Eintreffen ist leicht gereizt.

Die vier Kinder spielen wider Erwarten still vor sich hin. Was ist heute bloß mit ihnen los? Sonst wird doch kein Grund zum Streiten ausgelassen. Die zwei Kleinen nähern sich dem Kaffeetisch. Katharina will Apfelsaft aus einem langstieligen geschliffenen Sherryglas. Vater Holger schaut mißbilligend. Emanzipierte Mutter Christiane ignoriert – die Vaterblicke – und erlaubt es ihrer Tochter. Die erste Apfelsaftrunde aus dem teuren Kristall gibt keinen Grund zur Beanstandung.

Runde 2: Katharina ergreift das edle Teil am Stiel und haut es mit voller Wucht auf den Eßtisch, weil sie nicht zuerst bedient wurde. Boing! Die Splitter fliegen. Vater Holger: »Was gibt man den Kindern auch so gute Gläser!« Mutter Christiane enteilt in Richtung Sauger. Vater Holger verbimst Tochter Katharina die Rückfront und verbannt sie ins Kinderzimmer zwecks Läuterung. Tochter Katharina brüllt vehement und fühlt sich ungerecht behandelt. Lisa heult aus Solidarität mit, weil sie niemanden mehr zum Spielen hat.

Die zwei Großen raufen im Bubenzimmer und bauen lautstark *Lager*. Anschließend locken sie die Kleinen herein, um sie mit wildem Wolfsgeschrei in Panik zu versetzen. Voller Erfolg, das bringt Stimmung in die Bude! Es kracht und knallt. Die Eltern sitzen verängstigt mit angespanntem Magen nervös am Tisch und schwärmen entweder von der kinderlosen Zeit oder von der angeblichen eigenen Bravheit in ihrer Jugend.

Es tut einen mittelstarken Knall in den oberen Gefilden. Vater Holger: »Es ist etwas zu Bruch gegangen!« Mutter Christiane: »Ach nein, die räumen bloß auf!« Sohn Benjamin kommt mit blutendem Daumen: Was schließen wir daraus? Vater Holger lag richtig. Scherben! Hutschenreuther-Teller ist im Gemetzel von der Wand gefallen. Die zwei Großen teilen sich heroisch die Schuld.

Benjamin und Moritz sollen etwas Ruhigeres spielen. Sie spielen mit ihren Caps. Echt! (Das heißt, die erbeuteten Caps müssen nicht mehr zurückgegeben werden.) Moritz wird furchtbar abgezockt, verliert viele seiner heißgeliebten (und vom spärlichen Taschengeld mühsam erworbenen) Caps, was wiederum ausgiebiges Geplärre zur Folge hat. Moritz steht zerknirscht und wütend in der Küche und sinnt auf Rache. Vater Ottrich will Moritz beruhigen. Moritz streckt Vater Ottrich die Zunge raus. Vater Ottrich erbost sich. Moritz streckt erneut. Resultat: Geschrei.
Die Väter Ottrich und Holger resignieren, wenden sich der Stereoanlage zu und stellen Diskomusik auf maximale Lautstärke. Das übertönt zwar die akustischen *Ausdünstungen* der zarten Kinderkehlen, schont aber nicht unbedingt die zarten Mutternerven.

Zu einer unserer bewährtesten Leistungen vor dem heiligen Fest gehört der Erwerb des Christbaums auf den letzten Drücker. Hierbei gilt nicht der Grundsatz, den Letzten beißen die Hunde, oder etwa, wer zu spät kommt, den bestraft das Leben, sondern: Wer spät kommt, zahlt nur die Hälfte.

Es kann beginnen, der Baum ist geschmückt, die Krippe plaziert, die Oma da, die Kirchenglocken läuten.
Heiligabendgottesdienst mit Oma, Lisa, Moritz, Vater Ottrich und Mutter A. in der katholischen Kirche. Moritz trifft seinen besten Freund Kevin nebst Eltern und Bruder. Lisa sieht nichts und turnt auf der Banklehne herum. Moritz muß sich vor Freund Kevin profilieren und kreischt laut hallend: »Alle Jahre wieder kommt der Pfarrer Schulze! Hinter mir Klopapier, eine Rolle schenk' ich dir!« Außerdem kritisiert Moritz die Textverteilung beim Weihnachtsspiel, er als Fachmann muß es wissen, spielte er doch selbst den Josef

beim Kindigottesdienst. Er läßt sich nicht bremsen und verwarnen, denn er sitzt außerhalb unseres Einflußbereichs, und in der total überfüllten Kirche läßt sich an diesem Zustand auch nichts ändern. Grauenhaft.

Endlich folgt der wichtigste Programmpunkt für die lieben Kleinen: die *Bescherung*, gleichbedeutend mit: Auspacken der kunstvoll verhüllten Gaben in Rekordgeschwindigkeit, mit gleichzeitiger genauester Begutachtung, ob das Geschwister eventuell geschenkeanzahlmäßig bevorzugt worden sein könnte. Auch wir Großen werden üppigst bedacht! Geschenkpapierberge türmen sich meterhoch im Wohnzimmer, die grüne Tonne jubiliert ... aber nächstes Jahr gibt es wirklich nur gaaaanz wenig ...!

Mit letzter Kraft und leicht beschwipst kredenzen wir das Festmahl ... war's nicht wieder ein schönes Fest?

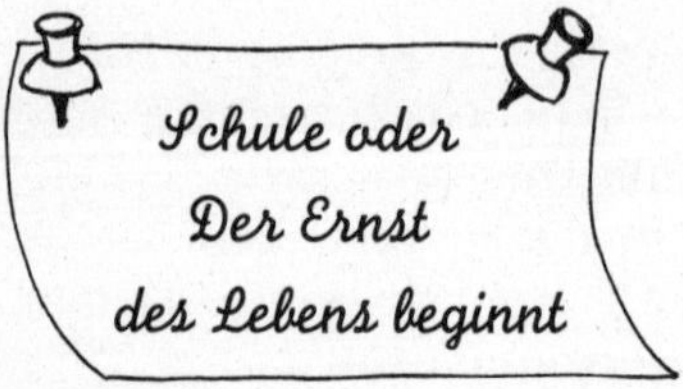

Wenn Sie darunter leiden sollten, keiner *großen* Gefühle fähig zu sein, kann dem leicht abgeholfen werden. Setzen Sie sich emotionslos und scheintot neben einen männlichen Erst- oder Zweitkläßler, wenn es an der Zeit ist, Hausaufgaben zu machen. Ich garantiere, spätestens nach fünf Minuten haben Sie die gesamte Bandbreite der menschlichen (und unmenschlichen) Gefühlswelt durchlebt. Nach einer halben Stunde leiden Sie an irreparablem Stimmbandkatarrh, nach einer weiteren Stunde an lebensbedrohlich erhöhtem Puls und Schnappatmung – inzwischen zieren sechs außerirdisch anmutende zittrige Fragmente das Rechenheft Ihres hoffnungsvollen Nachwuchses, von dem Sie einst glaubten, er würde Ihre Rente sichern –, nach zwei Stunden stehen Sie vor der ultimativen Entscheidung: Freitod oder Schwindsucht!

Nach der erfolgreichen Übergabe der von Muttern – mittels Einsatz ihrer sämtlichen linken Bastel-Spülhandkombinationswerkzeuge – selbstgezimmerten Dinosaurierschultüte, der obligatorischen Heiligsprechung beim Einschulungsgottesdienst und der geglückten Zuweisung des ABC-Schützen zu einem geeigneten Klassenzimmer nebst Lehrerin (Frau Orakel oder so ähnlich) ist der Stand des Erlernten nach drei Monaten Unterricht (minus zwei Wochen Herbstferien minus einer Woche Fehlen durch Lungenentzündung minus einem verlängerten Wochenende minus einem Feiertag minus einem Tag schulfrei wegen Lehrerausflugs):
»M«, »A«, »L«, »O«, »T«, »I«, »S«, »R«.
Sinniges wie z. B.:

- »Ali malt Lotta im Tal.«
- »Mama ist toll.«
- »Omi rammt lila Lama.«
- »Mama ist ratlos.« (Mein Lieblingssatz)
- »Maria im Tal.«
- »Timo rollt mit Last im Mist.«
- »Ali im Talar am Altar – mit Lamm?«

läßt sich daraus zusammenstellen.
Zum Schreiben dieser Kreationen brauchen *wir* eine

Ewigkeit, jedes Wort wird zehnmal unterbrochen, weil die Hand so schwitzt von der ungewohnten Anstrengung. Schweiß- und Nasenschleimspuren, Tränenflüssigkeit und Essensreste durchziehen die mit Eselsohren verzierten Gebilde, die einst unter dem Namen *Heft* der gehobenen Qualität in einem Schreibwarenfachgeschäft erworben wurden.

Nach vier Monaten: Moritz kommt bekümmert von der Schule, weil die Lehrerin ihm seine Fußballsammelkarten weggenommen hat. Mir schwant Übles. Interviewe Mori, wie's denn so in der Schule laufe und warum die Lehrerin ihm die Karten weggenommen habe. Moritz druckst herum, so recht werde ich nicht daraus schlau. Er meint, die Lehrerin habe schon mal angedeutet, sie wolle seine Mama zur Sprechstunde einbestellen – Alarm, das mußte ja kommen. Warum sollte auch die Schule glattlaufen, mir wird ganz übel.
Am nächsten Tag zur Lehrerin gestürmt – »Ja, ja, der Moritz macht mir seit einer Woche keine Freude!« Ich hab es ja geahnt. Also Aussprache fällig. Aus der guten Frau sprudelt es nur so heraus: ... schlampigstes Mäppchen seit Einführung der allgemeinen Schulpflicht ... er macht mich wahnsinnig ... das erträgt kein Nebensitzer ... hampelt rum ... fällt vom Stuhl ... sitzt nie gerade ... liegt auf dem Tisch ... alles fällt vom Tisch ... ist dauernd beleidigt ... schaut gelangweilt aus dem Fenster ... fällt beim Sport über seine eigenen Beine ... braucht drei Stunden zum Umziehen ... bemalt seine Schulbank ... weiß nie, wie, was gebastelt wird ...
Warum passiert mir das wieder? Bestimmt hat wieder *keiner* Schulprobleme mit seiner Brut, nur ich. Ich war doch auch gut und brav in der Schule. Ich verwechselte zwar in der ersten Klasse beim Diktat *Sonne* mit *Susi*, was meinen Erzeuger verstärkt an meinem Geisteszustand zweifeln ließ, und er mir daraufhin eine

trostlose Zukunft als Putzfrau prophezeite, aber in Betragen und Religion hatte ich immer eine 1. Übrigens: Die Putzfrauenversion sollte mich bis zum Abitur begleiten. Aber irgendwie hat er recht behalten, denn nach Studium und Berufstätigkeit hat sich seine Vision mittlerweile voll erfüllt, noch dazu unentgeltlich und im eigenen Heim.

Ich gebe mir die Kugel ... (Mozart mindestens) ... und überlege, wie ich meinem Sohn alles ruhig erklären kann, ohne gleich wieder in pädagogisch unkluge Polemik zu verfallen. Es läutet, Moritz kommt ganz aufgeregt von der Schule nach Hause: »Mama, Mama, ich habe eine 1!« (Das ist ja super, das gute Kind, es klappt ja doch, klar, der muß klug sein, ganz die Mama – ich klopfe mir gedanklich auf die Schulter.)

Mama: »Zeig mir doch mal dein Testheft!«

Moritz: »Wieso Testheft?«

Mama: »Ich dachte, du hast eine 1 drin!«

Moritz: »Nein, ich habe eine 1 gezogen und darf deshalb das erste Törchen am Adventskalender in der Schule öffnen, und hier ist mein Testheft!«

Beim Anblick des Hefts verschlägt es mir die Sprache, mein Rechengenie: 5 + 4 = 1, 8 + 3 = 5, usw., aber das gibt es doch nicht! Wenn schon falsch, dann konsequent alles falsch.

Am Ende der ersten Klasse – der Zahlenraum umspannt inzwischen die Dimension von 1 bis 20 – ist Moritz' Lieblingsbeschäftigung das Rechnen von *Dreisatzaufgaben*. Z. B.: 4 Hosen kosten 80 DM, was kosten dann 3 Hosen, 5 Hosen, 6 Hosen etc. Oder 1 Mutter hat 12 Kinder (die Arme), aber nur 4 Äpfel (kein Wunder, bei den vielen Kindern kann man sich nicht mehr leisten, aber die müßte doch eigentlich massig Kindergeld kriegen), was muß sie tun, damit jeder *gleich viel* bekommt (das kann ich ihr nur raten, sonst hat sie Zoff in der Bude). Das zu berechnen ist für Moritz ein Kinderspiel, das ist seine Welt.

Moritz' erstes Zeugnis: Die Schauder, die einem bei der Lektüre dieses Werks den Rücken runterlaufen, kommen der Wirkung eines Stephen-King-Romans, gelesen um Mitternacht auf einem einsamen Friedhof, gleich. Moritz kann zwar das Geforderte sehr gut Rechnen, Lesen und ab und zu auch einigermaßen lesbar zu Papier bringen, aber, laut Zeugnis, beschäftigt er sich am liebsten ausgiebig mit seinem Mäppchen, ist unkonzentriert, unordentlich, zappelig und schlampig und und und ... Folge: Beim Anblick dieser Beurteilung seines einzigen männlichen Enkels kollabiert der Opa unverzüglich (er ließ sich trotz eindringlicher Warnung nicht vom Lesen abhalten) und ist so entsetzt, daß er spontan nach Luft und Fassung ringend das Weite sucht.

Ein Jahr später: Es gibt Zeugnisse für die zweite Klasse. Mathematik: sehr gut, Deutsch: sehr gut. MEIN KIND!

Spielplatzimpressionen

Ich kenne keine Orte größerer Geselligkeit und tiefschürfender Erkenntnisse als Spielplätze. Mir graut schon vor dem Tag, an dem meine lieben Kleinen dem Spielplatzalter entwachsen sind: Was soll ich dann den ganzen Nachmittag tun?

Endlich sticht der Planet, eine gute Gelegenheit, um mich mit meinem Lieschen auf ihrem Lieblingsspielplatz sehen zu lassen. Unser Pfingsturlaub liegt erst wenige Tage zurück, und nachdem ich wider Erwarten nicht von den anfallenden Schmutzwäschebergen verschüttet wurde, brenne ich darauf, jemandem von den schönsten Wochen des Jahres vorschwärmen zu können. Doch oh Schreck, ich kenne heute kein Schwein, geschweige denn Muttertier auf dem gesamten Spielplatz! Erfolglos durchwühle ich meinen ansonsten gut sortierten Rucksack nach etwas Lesbarem, aber außer alten Keksen, noch älteren Tempos, unentwickelten Urlaubsfilmen und Reisenähzeug, das ich mir erbarmungslos in die Fingerkuppe ramme – woraufhin zartes Naß meinen Blick trübt –, findet sich nichts Brauchbares zum Zeitvertreib. Ich kann meine urlaubsgebräunten Beine noch so ausladend in die Gegend strecken, niemand nimmt Notiz von ihnen. Es hätte nur eines kleinen obligatorischen *Wie-war's-im-Urlaub* bedurft, um ausgiebig meine Meinung über den Tapetenwechsel an sich und den sonnigen Süden im besonderen zu erfahren. Wenigstens nach dem Urlaubswetter wäre ich gerne gefragt worden, wohl wissend, daß es in unserer Abwesenheit zu Hause kalt und naß war; ein besonderer Genuß, wenn man selber bei 30 Grad im Schatten am Strand schmachtet. Aber keiner öffnet das Ventil meines prallgefüllten Erzählsacks, und zum einsamen Monologisieren bin ich mir zu fein. Es bleibt nichts anderes übrig, als meine Lauscher auf höchste Empfangsbereitschaft zu stellen, um mich wenigstens an den angeregten Gesprächen meiner Artgenossinnen zu laben.

Heute findet offensichtlich die Jahresversammlung der Vereinigung genervter Mütter e.V. auf dem Spielplatzgelände statt.
»Tobias, laß den Eric in Ruh sandeln!«
»Sandra, schuck nicht dauernd die Fabrina, du sollst doch nicht mit Sand schmeißen!«
»Jason, paß doch auf!«
»Fabian, jetzt rutsch halt!«
»Gleich geh ich mit dir heim, Viktoria, du bist zu blöd zum Eisessen. Fabian, Mensch, rutsch endlich!«
»Tina, laß dem Kind das Schäufele!« Woraufhin Klein-Tina ihr *Zörnle* bekommt, und das ist nicht von schlechten Eltern.

Thematischer Schwerpunkt dieses Frühsommernachmittags:
- bösartige Kleinkinder, die Mutters Kochkünste nicht würdigen oder nachts nicht schlafen
- bösartige Schwiegermütter, die keine Lust haben, am Wochenende nachts die schlaflose Brut zu hüten, damit die gequälten Eltern endlich mal zur Ruhe kommen
- bösartige Juweliere, die es ablehnen, zweijährigen haarlosen menschlichen Geschöpfen das unschuldige Ohrläppchen zu durchbohren.

Erregte Müttergemüter auf der überfüllten einzigen Schattenbank beschwören panische Windpockenvisionen herauf – einem nervenzerfetzenden Horrorszenario gleichkommend – ob der in wenigen Tagen bevorstehenden Flugreise und dem gestrigen Zusammentreffen mit einem windgepockten Krabbelgruppenteilnehmer. Wird sie ausbrechen – die gefürchtete Pocke –, und wenn ja, wann und wo zuerst? Wilde Spekulationen entfleuchen den mütterlichen Kehlen. Resultat: Gesäß und Rumpf wäre gut und ließe sich am einfachsten tarnen, aber Gesicht, oje ... Wäre es moralisch vertretbar, im Falle eines Falles dem Windpockenopfer einen schicken luftdurchlässigen Sack im Flugzeug über den Kopf zu ziehen zur Tarnung der Pickel, zum Zwecke einer erfolgreichen Durchführung des lang geplanten Familienurlaubs?
Und überhaupt, was nimmt man für Medikamente mit in den Urlaub, reicht ein 10-kg-Notfallkoffer zum Überleben der nächsten vierzehn Tage in feindlichen fremdländischen Gefilden?

Ein vielversprechendes Mutter-Kleinkind-Säuglings-Terzett betritt die Bühne: Mutter nörgelt rhythmisch zum Gequengel des Kleinkinds, während der gequälte Säuger taktsicher durch feinstimmiges Geplärr die Stimm- (und Stimmungs-)Lage vorgibt.

Klein-Fabian schlägt der erschöpft wirkenden Tinamutter den angebotenen Keks mit einem durchtrainierten Karatehieb aus der Hand und bekommt daraufhin von seiner verhärmten Mutti eine übergebraten. Sämtliche aufopferungsvollen Bastelaktivitäten – vom aufwendigen Matrosenbildchen bis zum gehäkelten Vorhang zum Schutze vor des bösen Nachbarn Blicks – werden unter gequältem Seufzen zum besten gegeben, während sich die Brut endlich ungestört an fremden Babyschnullern vergreift oder sich gegenseitig die Plastikschaufel aufs Hirn zentriert. Monotones »Hörst du jetzt auf« gefolgt von eloquentem »Laß das, nein, Tina, nein, das Wägele gehört dem anderen Kind. Daniel, das ist das letztemal, daß ich das Skateboard mitgenommen habe!« flirren durch die Mittagshitze.

Eine blonde Übermutter brüstet sich mit ihren gestrigen Verdiensten am Bügelbrett: »Sechs Hemden, Taschentücher und eine Bluse von Klein-Nina.« Danach war sie nach eigener Aussage fix und fertig. Eine besorgte Banknachbarin empfiehlt den Erwerb von Markenware der Firma XY zur Reduzierung des unerträglichen Bügelstresses.
Ninalein muß Pipi, was ihr einen mittleren Anpfiff der gestreßten Büglerin einbringt. Pipi machen scheint äußerst ansteckend zu sein, denn plötzlich muß die halbe Sandkastenbesatzung. Daniel ist zu Höherem geboren und läßt sich nicht lumpen, er muß »kacken«. Hektik in Richtung Büsche macht sich breit.

Mein suchender Blick über die dicht besetzten Bänke nach einem bekannten Gesicht verrät mir wenigstens den diesjährigen Mutterchic: Der eindeutige Renner der Saison: wallendes Haar ... am käsigen Gebein, mit neugierig aus der Radlerhose linsender Cellulite, aufgepeppt durch Besenreißerchen in zartem Lilö. Das Bein- und Fußkleid – hier dominiert eher ein Klassiker –, passend zur Radlerhose sind Söckchen erlaubt (aber kein modisches Muß), und je nach Kontostand die echte oder Pseudo-Birkenstock-Sandalette in Dakkelkotbraun oder gewagtem Flieder. Den spröden Ablagerungen an der Mutterferse nach zu urteilen, drängt sich mir der Verdacht auf, es könnte sich hier um ein anonymes Treffen des örtlichen Huf- und Hornfüßlerverbands handeln.

Halt, aufgepaßt, die Damen treten zum Wettkampf an: Wer hat den schlimmsten Heuschnupfen? Nach zwanzigminütigem zähen Ringen lautet das Ergebnis bedauerlicherweise remis. Allgemeines enttäuschtes Verstummen macht sich breit. Die Gunst der Stunde nutzt eine bisher unauffällige Strickerin und zerstört ungefragt die Stille mit einem Vortrag über den dramatischen Haarmilbenbefall ihrer geliebten Meerschweinchen. Diese Geltungssucht kommt ihr zugute: Sie sitzt plötzlich alleine referierend auf der Bank. Geschäftig macht sich der Rest der Müttergilde über die Themen Säuglings-Förderkurse, Kontakt- und Kaffeegruppenerfahrungen her und läßt sich erst durch den interessierten Einwurf »Wer kennt eine gute, aber wirklich gute Adresse für geschlagene Frauen« unterbrechen.

Klein-Marvin quengelt, da er hungert, aber Kekse sind nach Aussage der dazugehörigen Maaaamaaaa *babela*. Was Klein-Marvin wenig beeindruckt, geschweige denn verstummen läßt. Zur Strafe paniert er seine gesträhnte Kurzhaarmama mit Sand, bekommt aber aus unerklärlichen Gründen diesmal mildernde Umstände zugestanden (vielleicht wegen seines drohenden ungewissen Windpockenschicksals). Schwester Saskia kann diesen Bonus leider nicht für sich beanspruchen und erhält eine geballte Ladung Mutterfrust zur Antwort. Das eben noch verdammte Tinalein, dem Sekunden zuvor mütterlicherseits ein einsames Gretelschicksal angedroht wurde, mutiert urplötzlich zum *Mausilein*.

Endlich nähert sich ein mir bekanntes Muttermodell und wirft sich mutlos röchelnd mit letzter Kraft neben mich auf die Bank, und bevor ich meine launigen Urlaubsschwänke im Munde ordnen und meine Stimmbänder aktivieren kann, quillt es schon aus ihr heraus: »Ich werde von meinen Eltern nur über meine Kinder definiert! Das ertrage ich nicht mehr! Meine eigenen Qualitäten zählen in ihren Augen nichts!« Meine gute Erziehung verbietet es mir, diese arme gequälte Kreatur mit meinen Urlaubsprahlereien noch tiefer in Depressionen zu stürzen. Resignierend verlege ich meine Aktivitäten auf erschüttertes Nicken und mitleidiges Zucken und erfahre von Sohnemann Bertis aggressiven Schüben, die durch reichhaltige Angebote während seiner Vorschulzeit, wie Holzwerkstatt, Minihandball, Judo, Töpfern, Blockflöte und Ringen, wettgemacht werden sollen. Besagter B. wurde einer eingehenden homöopathischen Sonderbehandlung unterzogen, deren komplizierten Namen ich mir nicht einmal merken konnte (nachfragen traue ich mich erst gar nicht, um mich nicht durch übergroße Ignoranz zu disqualifizieren und als gesprächsunwürdig eingestuft zu werden). Auf jeden Fall wurde dem Knaben von einer berühmten heilpraktizierenden Fachkraft prophezeit, daß sich an ihm am dritten Tag der Behandlung eine Veränderung vollziehen würde. Und prompt bewahrheitete sich diese kühne Prognose in Form eines … ich bin ganz starr vor Spannung … *Schnupfens*. Ich versuche, mir meine Enttäuschung nicht anmerken zu lassen und gebe beeindruckte Beifallsäußerungen von mir, obwohl ich insgeheim gestehen muß, daß meiner schulmedizinisch versauten Denkweise ein ordinärer Kinderschnupfen als Wunder ein bißchen mickrig erscheint. Ich erfahre weiterhin, daß für die Sommerferien Urlaub auf einem ökologischen Bauernhof mit zehn eng befreundeten Ehepaaren aus der Nachbarschaft und deren Brut geplant ist. Bevor ich beim gedanklichen Nachzählen *meiner* Freunde ganz blaß werde vor Neid, entfleucht sie mir – fröhlich einen unifarbenen Schal schwenkend – mit den Worten: »Den habe ich gerade von einer Freundin (noch eine?) geschenkt bekommen, den werde ich mir jetzt in *meinen* Farben einfärben!« Grün vor Neid fällt mir zu meinen Farben nur schwarz ein, schwarz und nochmals schwarz.

»Der Ball ist rund« war noch nie meine Devise. *Abseits* hatte in meinem Wortschatz nichts zu suchen, genauso wenig wie *Flanke, Freistoß, Libero* und *Einwurf.* Doch seit geraumer Zeit finde ich mich mindestens dreimal wöchentlich auf irgendeinem Fußballplatz für irgendwelche Trainingsstunden von Moritz ein oder stehe mir bei Hallen- oder Freiluftturnieren, Freundschafts- oder Punktspielen die Beine in den Bauch. Putze hingebungsvoll total verschleimte Kickstiefel oder wasche Trikots oder backe die kompliziertesten Torten für irgendeinen wohltätigen Fußballzweck. Statt mir einen nervenkitzelnden Psychothriller reinzuziehen, macht sich unübersehbar das launige Duo Jauch/Beckenbauer auf der Mattscheibe breit, um mir irgendwelche obskuren DFB-Spiele, UEFA-Cups oder Champions-League-Spiele näherzubringen. (Pokal der Pokalsieger ist auch toll.) Wobei ich niemals hinter das Geheimnis kommen werde, wie Verein sich Zugang zu diesen erschütternden Ereignissen ergattert.

Meine Mutterklasse wird daran gemessen, ob ich weiß, wo Andreas (ich darf *Andi* sagen) Köpke in der vorletzten Saison gespielt hat, und ob ich mindestens drei Stürmer und zwei Abwehrspieler vom KSC kenne (wenn Moritz es gut mit mir meint) oder vom 1. FC Köln (wenn er mich fertigmachen will) oder ob ich fünf Bundesligatorwarte parat habe.

Ich verdrücke plötzlich heimliche Freudentränen, wenn Schalke 04 gegen Inter Mailand 1:0 gewinnt, obwohl ich noch nie in Gelsenkirchen (dafür schon öfters in Mailand) war und der Torschütze Marc Wilmots ein mir völlig fremder Belgier ist. Oder vergreife mich im Urlaub gierig an fremdem Eigentum: einer auf einem verwaisten Strandhandtuch liegenden – ansonsten geächteten – *Bild*-Zeitung, um endlich das Rückspielergebnis zu erfahren.

Träumte ich früher noch munter alp von Mord, Totschlag und vielleicht dem elektrischen Stuhl, treiben mir heute wirr agierende Viererabwehrketten vor dem eigenen Tor den Angstschweiß aus der schlafenden Pore.

Ich muß gestehen, ich habe von jeher zum Fußball ein gestörtes Verhältnis: War ich doch die einzige menschliche Kreatur meines Jahrgangs, die sich in ihrer Kindheit niemals *Bonanza* reinziehen durfte, weil zeitgleich die Sportschau ihr Unwesen trieb. Somit blieben Hoss, Little Joe und alle anderen Kumpel hoch zu Roß für mich *unsehbar*.

Moritz schreibt im Diktat statt »hatte« zwar »hate«, statt »viele« »fiele« und statt »freue« »froie«, (sein Kommentar auf meine Pingeligkeit in Sachen Rechtschreibung: »Wen interessiert's?«), aber bei Stephane Chapuisat und seinen Mannen ist er weniger tolerant, da unterläuft ihm kein Fehlerchen, ob Krassimir Bala-

Moritz, die Dortmunder Zukunftshoffnung

kov, Radoslav Gilewicz, Sebastien Fournier, Rene Tretschok, Ruggiero Rizzitelli, Andrzej Juskowiak, Uwe Gospodarek, Ion Vladoiu, alles makellos in nie gesehener Festtagsschrift.

Vater Ottrich, der sich niemals für Fußball interessierte, sondern vielmehr für Schumis roten Flitzer, läßt sich aus Mangel an Masse zum E2-Jugendfußballtrainer bestallen: Die Wahl zwischen einem mehr breiten als hohen – dafür aber jungen – Kandidaten und seiner Wenigkeit fällt eindeutig zu seinen Gunsten aus, zumindest was das Äußere betrifft. Nur kennt Vater Ottrich leider keine Regeln.

Größere Anschaffungen werden fällig: eine überdimensionale Sporttasche in den Vereinsfarben schwarz/rot, (auch wenn sie das Emblem des 1. FC Köln ziert, was ihr in unseren Breitengraden zu einem Sonderpreis verhilft), ein Trainingsanzug – natürlich in den Vereinsfarben – und eine Trillerpfeife am Band (in schwarz) und die einschlägige Literatur mit dem Inhalt: Vom *Trabi* zum *Trapattoni* in zwei Wochen.
Vater Ottrich übernimmt den nicht zu verwertenden Überhang einer bestehenden E-Mannschaft: Knaben aus aller Herren Länder inklusive Moritz, die noch nie zusammen gespielt haben, und begibt sich sogleich hoch motiviert und siegessicher auf ein Turnier.
Belagert stundenlang meinen PC (verbunden mit dem gequälten Aufschrei: Wie geht das denn in *Word*?), um irgendwelche Mannschaftslisten, Spieleraufstellungen, Trainingsanwesenheitslisten, Duschkontrollzettel und Badeschlappenqualitätsprüfscheine, Turniereinladungen, Adreß- und Telefonlisten, Strategiepapiere und Taktikpläne zu kreieren, verbrämt mit Fußball-Logo und sonstigen Feinheiten.

Zähneknirschend muß ich neidvoll zur Kenntnis nehmen: Typisch, Männer können aus allem Karriere machen!

Meine zwei Spitzensportler kommen gerade von einem Freundschaftsspiel zurück. Ergebnis 16:0 ... für den Gegner.

Die Frauen kämpfen gerade auf der Straße für Gleichberechtigung und angemessene Bezahlung im Job; ich kämpfe mit einer Magen-Darm-Grippe. Bei mir herrscht Gleichberechtigung: beide Körperöffnungen werden gleichberechtigt entleert.

Vater Ottrich zeichnet sich heute durch absolute Amnesie in Sachen Haushaltsführung und Kinderbetreuung aus. Macht angesichts meines maroden Zustands und der damit verbundenen ungewohnten Aufgabenverteilung die Kinderchen rund und wimmert einem Infoblatt für den Pizzaservice hinterher. (Originalton: »Jeder Mist wird bei uns aufgehoben, nur der Pizzaplan fehlt!« Dabei bestellen wir niemals Futter, und Mutter A. kränkelt äußerst selten und wenn, dann nur im verborgenen; sprich: selbst mit 40 Grad Fieber rührt sie noch recht vielversprechend im Kochtopf.) Doch heute läßt Mutter A.s Service massiv zu wünschen

übrig. Lisa verdurstet, da Vaters gestreßte Öhrchen vorsorglich auf Durchzug gestellt sind. Joghurt zum Frühstück entfällt (kind muß auch mal verzichten können). Der Kaba bleibt kalt (kind kann seinen Magen nicht früh genug abhärten, sonst schwächelt es am Ende wie das marode Mütterlein). Die Klettlaschen von Lisas edlen Lieblings-Adidas-Sportschuhen fallen fast der Schere zum Opfer, weil sich die Fieslinge in Vater Ottrichs Augen ungebührlich benehmen. Lisa verhungert mit verkacktem Popo auf dem Klo (Popo putzen bitte!), selbst ein hundertfach vorgebrachter Appell mit sämtlichen BITTE-Variationen verbrämt, vermögen das Vaterherz nicht zu erweichen, denn Schumi und seine schnellen Freunde drehen gerade ihre tollkühnen Qualifikationsrunden im fernen Australien. Was kümmert ob solcher Geschehnisse der verschissene Hintern des Töchterleins. Mutter A. schleppt sich fiebernd und mit letzter Kraft vom Krankenlager, da sie angesichts ihres Zustands auf freien Zugang zur Klostätte angewiesen ist. Außerdem, wir Frauen (Frauentag!) müssen zusammenhalten, so erfleht auch *die* Spülmaschine meinen Beistand, ihren vollen Bauch doch endlich zu entleeren, *die* Waschmaschine dito.
Ich sehe es ein, am nächsten Tag schwinge ich mich auf mein Fahrrad und mache mit meiner lieblichen Familie eine Radtour. (Vater Ottrich: »Die frische Luft und Bewegung in selbiger wird dich wieder flottmachen.«) Eine gesunde Einstellung – Vater Kneipp wäre entzückt – die wohl nur für das weibliche Geschlecht gilt. Denn komischerweise mußte ich des öfteren feststellen: halten sich *Männer* zufälligerweise mehr als zwei Minuten mit einer Bazille im selben Raum auf, befürchten sie, sie fühlen sich so, als würden sie in absehbarer Zeit vielleicht krank werden und würden sich am liebsten einwöchige Bettruhe und absolute Schonung verordnen.

Aber eines muß man Vater Ottrich lassen: Er besitzt einen siebten Sinn für meine Gebrechen. Von meiner einzigen Lungenentzündung und meinem letzten Bandscheibenvorfall bekam er vorab *Wind*, so daß er sich rechtzeitig dienstlich ins Ausland absetzen konnte.

Brüderchen und Schwesterchen

Dieses Kapitel könnte auch durchaus *Leben zwischen Stunk und Zoff* heißen, denn: Streiten läßt sich um alles – wer bei wem seinen Fuß auf dem Stuhl hat oder etwa diesen angefaßt hat oder wer wessen Heft zerrissen hat oder wer zuerst auf den Schoß darf oder wer besser Fahrrad fährt oder wer die schöneren Socken hat oder oder oder ... wer den größten Pudding hat. Aber halt, um unnötigen Streit auf diesem Gebiet zu vermeiden, ist die Anschaffung einer Briefwaage zu erwägen. Hilft es der geplagten Mutter doch bei der Beweisführung, wenn es unausweichlich zu handfesten Auseinandersetzungen um die Größe des Puddings, Kuchens, Eises oder ähnlichem kommt.
An Streitschlichtungsmodellen auf allen anderen Gebieten bin ich brennend interessiert, um zahlreiche Zuschriften wird gebeten!

Absolute Sternstunde des Geschwisterglücks ist ein Gedicht von Moritz (fünf Jahre) zu Lisas zweitem Geburtstag:

»Lisa, Lisa große Schwester
jetzt ist noch lange nicht Silvester
runde Backen hat die Lisa
rotes Züngchen, süße Augen,
rundes Näschen, schöne Händchen,
Liebe Lisa, ich mag dich ganz arg.«

Ansonsten ... ist meist Streiten angesagt, aber wehe Mutter A. erdreistet sich, Lisas Mogu – wie sie ihn nennt – zu schimpfen, dann wird sofort Partei ergriffen: »Der Mogu darf das, gell, Mogu!«

Kleinere Racheakte eines großen Bruders bestehen darin, Lisa mit den Beinen ihrer Strumpfhose ans Hochbett zu fesseln, um sie außer Gefecht zu setzen, oder ihr einzureden, mein Wintermantel sei in Wirklichkeit ein Wolf, der nachts an ihr Bett komme, oder ihre beste Puffärmelmädchenbluse als »geiles Hemd« zu bezeichnen. Mit hundertprozentiger Sicherheit verfehlen diese Aktionen ihre Wirkung nie: Lisa kreischt, heult und brüllt hysterisch. Eine ausgiebige Schlägerei kann beginnen.

Bei einem Spaziergang hält ein fremder Opa Lisa für einen Jungen. Moritz klärt den guten Mann auf: »Das ist meine Schwester, das grausame Suppenhuhn.« Ansonsten reicht Moritz' Urteil über seine Schwester von: »Unsere Lisa, gut und schön« oder »Zimperliche, kleine Frau« bis hin zu »Unsere schäbige, graue Lisa«. Als er sich mit sechs Jahren heimlich eine Hero-Turtle-Kassette ausleiht, fühlt er sich inspiriert, seine Schwester als »spastischen Wurm« zu bezeichnen.
Einer von Lisas ersten und häufigsten Sätzen »Des da Kindi« mit Fingerzeig auf Moritz (frei übersetzt: Moritz soll im Kindergarten verschwinden, weil er sie geärgert hat) zeigt auch eindeutig ihre Haltung ihm gegenüber.

Nach 2 ¾ Jahren gemeinsamen Geschwisterdaseins zerstört Lisa brutal Moritz' Playmobilburg, Moritz droht Lisa zur Strafe an, ihre heißgeliebte Puppe August-Fridolin mit dem Beil zu bearbeiten und anschließend in den Mülleimer zu werfen: »Lisa, du bist nicht mehr mein Freund, du bist nicht mehr meine Schwester, nie mehr; du bist ein Depp – du bist Scheiße!« Lisa: »Moritz, ich bin lieb ... huaaaah, Hilfe, der Mori hat mich *gehickt*!« Moritz: »Ich zerquetsche dich wie eine Ameise!« Zoff, Streit, Hand- und Fußgreiflichkeiten! Die armen Kinder, Mutter A. fühlt sich schuldig, warum verstehen sich die beiden nur nicht? (Im Hintergrund: »Doch!« »Nein!« »Doch!« »Nein!« ...) Ich habe mir als Kind so sehr einen großen Bruder gewünscht. Wie kommt es nur, daß sie so untereinander leiden müssen? Drei Minuten später. Lisa fröhlich: »Komm Mori, wir spielen HARIBO.« Ein ganz grausames Spiel (dessen Regeln nur die beiden kennen), mit viel Geschrei und Gekreisch und dem für mich einzig erkennbaren Ziel, die schwächelnde Mama in eine tiefe Depression zu stürzen. Sie lachen sich kaputt und rasen um den Tisch, knallen Türen, sehen Hexen und fliegende Joghurts, einfach grauenhaft. Mutter A. appelliert an Moritz' Vorschulvernunft, vergeblich. Mutter A. schimpft mit Moritz, daraufhin Lisa: »Mama, laß meinen lieben, kleinen Brudi, du bist bled und bese, ich schmeiß dich gleich um.« Diese Verbrüderung hält so lange an, bis sich einer das Hirn am Türrahmen rammt und alles in allgemeines Geplärr ausartet. (»Du beser Mogu, du bist nicht mehr mein Freund! Arschlochmogu!«)

Aber wenn sie was gemeinsam haben, dann ist es ihre Vorliebe für *Logopäden*. Moritz sagt mit fünf Jahren statt Freund: *Chreund*. *Hosch* = Frosch oder Hirsch, keiner weiß es so genau (»Was hast du denn jetzt mit *Hosch* gemeint? Wie sieht er denn aus?« Moritz: »Braun, eher rötlich!«) Statt Zwerg sagt er *Zerg*. Um sich in diesem Fall aus der Bredouille zu ziehen, bevorzugt er das englische Wort *dwarf*, (was ihn für seine gleichaltrigen Artgenossen genauso unverständlich macht). Lisas Ausdrucksweise ist im vergleichbaren Alter ähnlich kühn: »Hau Hebe hinkt Hudel!« statt »Frau Reber trinkt Sprudel«, was natürlich zur allgemeinen Heiterkeit beiträgt. »Ach Lisa, sag doch noch mal Sprudel!« Lisa: »Ich will lieber Fanta.« Bemerkenswert auch, daß Lisa besagte Frau Reber meist mit »Hau Hebele« bezeichnet, eine Dame von mindestens zwei Zentnern Lebendgewicht.

Auch wenn es um die Zukunft (und Gegenwart) ihrer Mama geht, sind sie sich einig. (Moritz sieben Jahre, Lisa vier Jahre):
Vater Ottrich berichtet von seinen Erfolgen bei der Arbeit, daß man ihm von höchster Stelle das Halten eines wichtigen Vortrags angetragen habe. Mutter A. – neidisch – beim Abendessen: »Du kannst dich echt nicht beklagen, du kommst beruflich doch wirklich auf deine Kosten!«
Lisa: »Ach, Mama, und du kommst doch auf deine Kinderkosten!«
Mutter A. lamentiert weiter: »Ich will auch wieder in die Arbeit!«
Moritz: »Da wirst du dich aber wundern, bis ich achtzehn oder achtunddreißig Jahre bin, läuft da gar nichts!«

Völlige Eintracht besteht auch beim Fernsehen, da konsumieren sie begeistert alles, was über die Mattscheibe flimmert: ob Sesamstraße, Blinky Bill, Sendung mit der Maus, Chip & Chap, Tigerentenclub oder eine Diskussionssendung über Weichteilrheuma, nichts ist vor ihrem Anblick sicher.

Waffenstillstand

Moritz' Verhältnis zum anderen Geschlecht mit fünf Jahren: »Ich will kein Herz auf der Hose!« »Warum nicht?« »Sonst sagen die im Kindi, ich bin verliebt. Ein Herz auf der Hose ist doch ein Zeichen für hochgradige Verliebtheit!«
Trotzdem hat er eine gute Freundin: Corinna. Diese besucht uns am letzten Tag vor den Kindergartenferien mit ihrem batteriebetriebenen Küchenmixer, den sie – wie sich ihren Worten entnehmen läßt – zu Hause nicht zum Einsatz bringen darf. Die beiden mixen in meiner frisch geputzten Küche alles, was sie in die Finger bekommen: Wasser, Mehl, Corn-Flakes, Spüli, Rosinen etc., woraufhin dem Mixer anscheinend übel wird und er sich auf meinem Küchenboden erbricht. Zeitgleich kollabiert unter Lisas Regie meine beste und größte Hydropflanze und fällt vom Beistelltisch, woraufhin sich Hydrokugeln, Dünger und zwei Liter Wasser ein munteres Stelldichein auf dem blaßblauen Eßzimmerteppichboden geben. Just an diesem Tag wurden wir vom Kindergarten zur Abstimmung aufgerufen, wünschen Sie, liebe Eltern,

a) die herkömmlichen Öffnungszeiten (8 bis 12 Uhr und 14 bis 16 Uhr)
b) verlängerte Öffnungszeiten bis 13.30 Uhr oder
c) eine Mischform aus beidem?

Jetzt wußte ich, was ich will, nämlich d) 24 Stunden Kindergarten an sieben Tagen der Woche ab dem ersten Lebenstag.

Wo wir gerade bei der Disziplin *Synchron-Nerven-Trampeln* sind: Für deren Ausübung empfiehlt sich auch prächtig der Aldi. Während Moritz erfolgreich die Besteigung des Mount *Tandil* feiert, spießt Lisa ihren Spitzfinger durch die Einkaufswagengitter in die Gelierzukkerpackungen fremder Kunden, begleitet von einem herzhaften »Halla« ihrerseits. Auch die Demontage der

Kassenabsperrung (Moritz) und das Entleeren des Plastiktütenvorratsbehälters (Lisa) lassen sich durchaus zeitgleich bewerkstelligen.
Allerdings zeigen sie ab und zu auch Verständnis für mich: Endlich dem Aldi entronnen, empfiehlt mir Moritz: »Du, Mama, nimm doch die Kraft der zwei Herzen, der im Fernsehen ist schon neunundsechzig Jahre und kann einen Purzelbaum und sich recken.«

Es ist mal wieder ein ganz besonders harmonischer Tag. Arie von Moritz an Lisa: »Doch, doch, du bist ein Oberkotzer!« Verkappte Operndiva Lisa trällert fröhlich zurück: »Nein, nein, nein, ich bin kein Oberkotzer!« (Stundenlang, laut, melodisch und über drei Zimmer hinweg.) Gefolgt von »Junjork«, was auch immer das bedeuten soll, ohne Ende. Lisa dadurch ermuntert, philosophiert mit weitschweifender Geste am Tisch: »Wenn der Mond kommt, kacke ich auf den Stuhl, aber wenn die Sonne aufgeht, kacke ich daneben.« Moritz lacht sich schief. Lisa ist nicht mehr zu bremsen. Das Besteck fliegt vom Tisch. Gläser stürzen zu Tal. Mutter A. erweist sich heute als äußerst humorlos und verweist beide in ihr Zimmer. Lisa brüllt schockiert und panisch in ihrem einsamen Asyl und pinkelt vor Schreck auf den Teppichboden. Daraufhin zerschneidet sie im Anflug totalen Wahnsinns den Bezug der Matratze. Als Mamilein die Ausschreitungen entdeckt, *kritisiert* sie diese aufs heftigste. Woraufhin Lisa es vorzieht – seit zwei Jahren das erste Mal –, sich in ihr Bett zurückzuziehen und zu schlafen. Nach einer Stunde kommt sie wieder zu sich, und als wir (um ehrlich zu sein: eigentlich ich) die Vorfälle nochmals rekapitulieren und analysieren wollen, beharrt sie auf völliger Amnesie, sie wisse von gar nichts, sie sei wohl nur ein bißchen müde gewesen.

Ähnlich gelungen ist die Argumentationsweise von Moritz, als ich ihn beim Zündeln erwische und ihn über die Gefahren einer Feuersbrunst aufklären möchte. Als all meine zahlreichen und blumigen Argumente an ihm ungerührt abprallen, versuche ich es noch einmal: »Moritz, wir können gerne einmal in ein Krankenhaus gehen, und du kannst dir Brandopfer ansehen, wenn du mir nicht glaubst.« Moritz: »Das kann alles gar nicht so schlimm sein, schau dir den Niki Lauda an, der hat sehr große Lebensfreude, der genießt sein Leben voll und ganz als Formel-1-Sprecher bei RTL.«

Was habe ich nur falsch gemacht?

Meine Freundin Christiane ist neuerdings der Meinung, Nur-Hausfrauen-Mütter dürfte es eigentlich gar nicht geben, denn sie sind ein *Nichts* und haben daher keine Existenzberechtigung. Nur dem Ehemann auf der Tasche rumliegen sei doch keine tagesfüllende Beschäftigung. Früher oder später würden diese *Nichtse* auch noch von ihrer Brut ob ihres nutzlosen Daseins verhöhnt. Man (ach nein, frau) braucht einen Job, um mithalten zu können. Sie selbst wertet sich seit kurzem als Nachtwache in einem Altenheim mordsmäßig auf und platzt fast vor Schaffenskraft. Das will ich auch! Fürs Altenheim fühle ich mich zwar noch nicht reif

(Popo abputzen – obwohl an jüngeren Modellen – tue ich schon daheim ausgiebig), aber ein kleiner Bürojob auf 610-DM-Basis müßte doch zu schaffen sein, da habe ich in meinem früheren Leben ganz andere Sachen gemeistert. Freundin Angela weiß sogar was für mich, und zwar beim Kundenzentrum des alteingesessenen *Bayern Versands* Bestellungen, Reklamationen, Ratenwünsche etc. telefonisch annehmen und im Computer eingeben. Gesagt, getan, in drei Tagen, Montag 10 Uhr, soll ich mich zwecks Vorstellung dort einfinden.

Der Montag rückt bedenklich nahe, und ich habe bereits zwei schlaflose Nächte mit Hirnakrobatik in Sachen Arithmetik hinter mich gebracht: Wie kann ich meinem total verplanten Hausfrauen-/Mutterdasein 15 (in Worten fünf und zehn) *kinderlose* Stunden pro Woche abknapsen (da ist die Fahrzeit noch gar nicht eingerechnet), um diesen Job zu bewältigen. Noch dazu Stunden von der seltenen Art, in denen Lisa im Kindi und Moritz in der Schule untergebracht sind, wenn ausnahmsweise mal keiner krank ist oder keine Ferien sind. Ich rechne hin und rechne her und bekomme für die gesamte Woche gar nicht mehr als fünfzehn dieser kostbarsten Stunden zusammen (da sich Moritz nur von 9 Uhr bis 12 Uhr in der Schule befindet), und die sind vollständig ausgebucht. Und alle diese Sternstunden meines Daseins soll ich der Bestellwut wildfremder Frauen opfern und das Ganze für schlappe 13 DM die Stunde? Mir kommen starke Bedenken, die ich aber sofort wieder verwerfe, denn ich will ja schließlich endlich wieder JEMAND sein.
Vor lauter Schreck verliere ich zwei Kilogramm Lebendgewicht. (Zu allem Übel liegt das Kundenzentrum im Industriegebiet mit größeren parktechnischen Problemen.)

Am Wochenende vor dem Vorstellungstermin fällt meine Familie in eine tiefe Depression. Vater Ottrich sieht unsere Familie auseinanderbrechen, da eventuell Samstagsarbeit verlangt wird (außerdem könnte ich mich verlieben! So ein Quatsch, da arbeiten sowieso nur Frauen.) Moritz erholt sich schnell vom ersten Schock und sieht sich bereits als stolzer Wohnungsschlüsselbesitzer, da ich vor ihm aus dem Haus müßte, was wiederum Vater Ottrich zu der Mutmaßung hinreißt, daß Gangster ihm den Schlüssel entreißen und unsere Wohnung ausrauben bzw. Moritz endlich ungehemmt seiner großen Leidenschaft, der Pyromanie, nachgehen kann und in unserer Abwesenheit fröhlich die Wohnung abfackelt.
Lisa hält sich mit ihrer Meinung vornehm zurück.

Am Montag früh probe ich den Ernstfall. Stehe bereits um 5.50 Uhr auf, schmeiße meine Brut frühzeitig aus dem Bett, fülle sie in Rekordzeit mit Kaba und Toasten ab, treibe sie keinen Widerspruch duldend ins Bad, stopfe sie in ihre Klamotten und verfrachte Lisa um 7.30 Uhr in den Kindergarten, wo sie mir auf dem Hinweg gesteht, sie habe Tränen in den Augen. Warum? Weil sie immer bei mir bleiben will. Hart bleiben! Sonst wirst du nie was. Drücke Lisalein der Erzieherin ans Herz (seid besonders lieb zu ihr, Mutter geht heute fremd). Flitze heim, erledige meinen Haushalt im Stechschritt (ich will mir ja nicht nachsagen lassen, meine aushäusige *Tätigkeit* lasse Schlamperei aufkommen. Aber halt, ich habe den Job ja noch gar nicht) und schicke Moritz pünktlich auf den Schulweg. Uffff. Weiter geht's im Sauseschritt. Mülleimer und Spülmaschine entleeren, hektisch durch die Bude saugen, Spiegel, Glastische und Klo wienern. Wäsche in die Maschine verfrachten. Fertig!

Fahre frühzeitig los, um den Ort des Geschehens ausgiebig auskundschaften zu können und das Parkplatzproblem zu bewältigen. Klappt alles bestens! Finde im modernen Bürohaus auf Anhieb die Ebene 4 und melde mich pünktlichst am Arbeitsplatz von Herrn Pächter, der sich meiner annehmen soll. Im Terminkalender auf seinem Schreibtisch steht für den heutigen Montag folgender Eintrag:

10 Uhr Frau Martin schnuppern.

Also schnuppere ich mal diskret in die Gegend, aber es fällt mir nichts Besonderes auf. Vielleicht wollte Herr Pächter an mir schnuppern? Hoffentlich liege ich mit *Tuscany per Donna* auf seiner Geruchswelle.

Herr Pächter ist um die Fünfzig und von der netten und freundlichen Sorte, ein richtiger Familienvatertyp (mindestens vier Kinder), bieder und rundum sympathisch. Er zeigt mir geduldig die anstehenden Aufgaben, will mich bei Kundengesprächen mithören lassen und erklärt mir, wie Bestellungen in den Computer eingegeben werden oder Kontostände angezeigt werden können. Es läutet. Die erste Kundin will ihren aktuellen Kontostand wissen und bekommt einen Schock, als sie ihn erfährt (das kommt davon, wenn man so neugierig ist). Die nächste will Ware abbestellen, eine andere einen neuen Liefertermin. Ich werde über Aufpreis und spezielle Codes für Blitz-, Eil-, Feierabendtarife und Wunschterminlieferungen informiert, wie Adressen eingegeben und aktualisiert werden, wie ich erkennen kann, ob es sich um einen *guten* Kunden handelt usw., werde über Valutaprogramme aufgeklärt (dahinter verbergen sich Zahlungsaufschübe für Weihnachten, Ostern, Pfingsten und sonstige Jahreszeiten. Merke: Valutatime ist immer, es sei denn, du hast dir den Makel *zahlungsfaul* zugezogen, dann bekommst du zur Strafe V0, sprich: Zahlungsaufschub wird zum Fremdwort, und Zahltag ist Sache). Mir wird ganz schwindelig! Besonders als eine scheue Kundin einen PC im Wert von 2500 DM auf vierundzwanzig Raten bestellen will und sich verpflichtet, für die monatliche Rate 150 DM bei der versandhauseigenen Bank zu berappen (dazu braucht sie aber noch einen Ratenvertrag, der ihr sogar vollständig ausgefüllt mit frankiertem Rückumschlag zugesandt wird, wenn sie drei Monate Verdienstnachweis vorlegt). Ich überschlage geschwind im Kopf, was sie das gute Stück am Ende kostet und hüstele erschrocken. Sie bedankt sich ergriffen für die gute Beratung, hatte ihr doch eine Kollegin von Herrn Pächter beim letzten Beratungsgespräch fälschlicherweise gesagt, sie müsse erst mal 250 DM rüberwachsen lassen, bevor überhaupt was laufe. Herr Pächter klärt den Irrtum auf, alles in seiner freundlichen, ruhigen und souveränen Art (der Kunde ist König, die ersten fünf Sekunden des Gesprächs entscheiden, ob du sein Vasalle sein darfst). Er ist in seiner väterlichen Art wohl die Idealbesetzung für diesen Posten, ohne die Leute einzuschleimen, schafft er es, sofort Vertrauen aufzubauen. Mir gelingt es sogar, noch eine höchst intelligente Frage zu stellen, was mir ein dickes Lob seitens Herrn P. einbringt, weil ich so gut aufgepaßt habe. Er traut mir die Sache zu, besonders die *computermäßige* Seite des Geschäfts. Das ist doch was! Aber wie sehe ich die Sache selbst: Wenn ich ehrlich bin – aber das verrate ich ihm natürlich nicht –, bei der *zwischenmenschlichen* Seite habe ich so meine Bedenken. Mir liegen da eher Kommentare auf der Zunge wie: Habt ihr es eigentlich an der Waffel, was bestellt ihr denn so viel, wenn ihr euch schon mit 4000 DM im Rückstand befindet, da braucht ihr doch keinen neuen Fummel auf Ratenbasis oder eine geschmacklose Anbauwand!

Aber jetzt muß ich erst noch zu seiner Chefin, denn sie hat das Sagen und macht das *Finanzielle*. Sie dürfte so in meinem Alter sein, klein, arrogant, spitzmäusig, mit blondem Kurzhaarschnitt, schick gekleidet: Frau Müller-Zasterknapp behandelt mich wie einen geistig minderbemittelten Bittsteller. Trauen Sie sich das überhaupt zu? Ich erkläre ihr, daß ich mir alles zutraue, aber eigentlich gar keine Zeit hätte, wünsche ihr noch einen *Guten Umsatz* und ergreife die Flucht.

Und das hier soll mein Selbstwertgefühl aufmöbeln und mich salonfähig machen? Wenn ich total abgehetzt, jede freie Minute für einen Hungerlohn bei der spitzzüngigen Tussi verbringe, um zuzusehen, wie irgendwelche kaufrausch-süchtigen Geschlechtsgenossinnen sich immer tiefer in den Ruin stürzen und mir kein Minütchen Zeit mehr für meinen heißgeliebten PC verbleibt? Ja, wer bin ich denn? Ich glaube, da bleibe ich doch lieber freischaffende Hausfrau, ehrenamtlicher Seelsorger, staatlich geprüfter Hinternabputzer, Kinderfuhrunternehmer, Hausaufgabenbetreuungsdienst, Amateurkrankenschwester, PC-Lehrer, EXCEL-Programmierer und Freizeitfurie und warte auf einen günstigeren Zeitpunkt, um mich von Frau Müller-Zasterknapp und ihresgleichen selbstwertgefühlsmäßig aufpeppen zu lassen.

Ein dreifach Hoch auf das personifizierte NICHTS!

RECLAM-BIBLIOTHEK

Gisela Finke
Der Marktlückenmann

Roman

253 Seiten. RBL 1568. 16,– DM
ISBN 3-379-01568-7

»Und was machen Sie beruflich?« Das ist eine von den Fragen, die Benno Schmitt, Großstadtsingle, Mitte Dreißig, ungern hört. Soziologie hat er studiert, mit Abschluß immerhin, doch sich auf das »richtige« Berufsleben einzulassen, dazu mag er sich beim besten Willen nicht durchringen. Seinem Geldbeutel bekommt das natürlich nicht; gänzlich jedoch will Benno dem aufrechten Gang nicht abschwören. So jobbt er mal hier, mal dort – als Taxifahrer, Ghostwriter oder Vorleser, immer auf der Suche nach den Marktlücken des Lebens. Bis er Birgit (mit Karriere) und Susanne (mit Baby) kennenlernt und die Dinge plötzlich aus dem gewohnten Takt geraten.

Ein Frauenroman? Ein Männerroman? Von wegen – statt dessen: ein vergnüglicher Frauenmännerroman über die Achterbahn des Lebens.

Gisele Finke, geboren 1952 in Wuppertal. Diplom-Psychologin. Schrieb mehrere Sachbücher. Lebt in München.

Andrea Brown
Frösche und Prinzen

Roman

341 Seiten. RBL 1592. 16,90 DM
ISBN 3-379-01592-X

»Kurzweilig«

Joy

»Köstlich, komisch und unterhaltsam: Andrea Browns Roman über die aufgewühlten Gefühle einer jungen Single-Frau auf der Suche nach dem Richtigen«

Journal für die Frau

»Süffisant-komisch«

Petra

»Ein leichter und fröhlicher Roman über Lust und Frust in der City«

YoYo

Marlene Faro

Frauen die Prosecco trinken

Roman

163 Seiten. RBL 1552. 16,– DM
ISBN 3-379-01552-0

Dieses Frauenbuch legen wir allen »Hera-Lind-Geschädigten« ans Herz. Wohltuende Bösartigkeit, freche Dialoge und Selbstironie können sooo unterhaltsam sein.

Fritz

Ein Roman im Stil der nach wie vor angesagten Frauenbücher, aber besser als die meisten, weil doch ganz ordentlich (selbst-)ironisch.

Kultur! News

Leichte Lektüre für Strand oder U-Bahnfahrt …

Der Tagesspiegel